アメリカの教育支援ネットワーク

ベトナム系ニューカマーと学校・NPO・ボランティア

Education Support Network in America

野津 隆志［著］

東信堂

はじめに――震災の記憶と想像力

一九九五年を「ボランティア元年」あるいは「NPO元年」ということばで呼ぶことがある。いうまでもなく、この二つの言葉はその年一月に起こった阪神淡路大震災の復興過程から生まれた言葉である。震災は六〇〇〇人を越える犠牲者を出し、数え切れない人々が掛け替えのないものを失う大きな惨事であった。しかし、一九九五年は日本の新しい市民活動の担い手への想像力が一挙に高まった年である。「ボランティア」「NPO」という日本ではそれまで馴染みの薄かったことばも、震災以降、市民の間に定着していった。震災の復興には、百数十万のボランティアが日本全国から駆けつけた。後に被災地に根を張り、たくましく成長していったNPOも震災が結成の契機になった。人々の心に刻まれた震災の記憶は、「ボランティア」「NPO」を基点にした新しい市民社会の仕組み作りを構想し、それを実践する想像力へと結びついていった。

震災から生まれた想像力は、被災地に暮らす外国人に対する想像力も喚起した。震災によって、日本人とは異なる多くの困難に直面した外国人被災者が数多くいることに、はじめて日本人は気づいた。とりわけ外国人の中でも、ニューカマーとよばれる新渡日外国人の多数が、ことば、習慣、制度の違いから深刻な困難に直面している現実が掘り起こされた。

ニューカマーへの想像力もまた、彼らを支援するボランティアやNPOによる支援活動に結実していった。震災直後の神戸では、市民の手により「外国人地震情報センター」や「外国人支援ネットワーク」が創設され、外国人のための言語、法律、医療などに関わる支援活動を始めた。現在、兵庫県には日本語学習や生活・就労のために大小様々なニューカマー支援のボランティア団体やNPOが活動している。学校関係者によっても、一九九七年に「兵庫県在日外国人教育協議会」が結成され、学校や地域社会の連携を重視した多文化共生の教育が実践されつつある。

こうした震災以降の兵庫・神戸におけるニューカマー支援の大きな流れは、単に社会的弱者の支援という次元にとどまるものではない。震災の記憶は、日本人、外国人という枠を越えた「多文化共生コミュニティ」という今までなかった社会システムをいかに構築するかという課題と深く結びついている。震災復興から十数年を経て、多文化共生への想像力が現実化しようとしている。

本書を通して私が追求したいのは、多文化共生のコミュニティをつくるためのいくつかの方策を多民族国家アメリカの経験から見いだし、その適応可能性を模索することである。特に本書では「NPO」

「ボランティア」という新しい地域社会の主役がつくるネットワークに着目したい。ニューカマーの生徒たちが地域社会で学び成長する上で必要な支援ネットワークの中でNPOやボランティアが果たす役割を、アメリカ・ワシントン州のベトナム人コミュニティの事例を中心に考えていきたい。

アメリカは建国以来数千万人の移民・難民を受け入れてきた国である。一九世紀末から二〇世紀初頭のアメリカの産業急成長期や第二次世界大戦前後には、ヨーロッパやアジア諸国から多くの移民・難民が海を渡った。一九七五年のベトナム戦争終結後は、一〇〇万人を超すインドシナ難民がアメリカに渡来した。

第一章で述べるように、アメリカの移民・難民受け入れの歴史は、ボランティアやNPOによる強力な支援の歴史である。現在でも移民・難民の生徒や家族に対して、学校、NPO、ボランティアは互いに連携し、多元的なネットワークを形成することで文化適応、職業訓練、学習補助、語学訓練などの支援を効果的に行ってきている。私が本書を通して特に追求したいのは、こうしたアメリカにおける支援ネットワークの具体的な実態の解明とその背後にあるネットワーク作りの諸条件である。

日本では近年、ニューカマーの教育のために開かれたネットワークづくりの必要性が主張されてきている。市民グループ、学校、行政、さらには企業や外国人を含む地域の親が連携する必要が訴えられている。また、実際に学校現場にもニューカマー支援のボランティアが参加し、さまざまなNPOや日本語ボランティア・ネットワークなど草の根のボランティアによる支援活動が活発に行われている[1]。

たとえば一九九九年より兵庫県教委は、日本語指導の必要な学校に「外国人児童生徒指導補助員派遣事業」を開始し、この派遣事業は現在「多文化共生サポーター制度」と名称を変えて実施されている(派遣校数一七六校 二〇〇五年度)。しかし、県内の日本語指導が必要な外国人が在籍する学校は二二一校あり(二〇〇五年度)、こうした学校ではサポーターの派遣以外に通訳、地域ボランティアなど多くの支援者を必要としている。また、ボランティア受け入れ校においてもボランティアと教員との円滑な関係構築が大きな課題となっている。[2] 今後、学校がいかに外部支援者と連携し、多文化共生のための開かれたネットワークを形成していくかが問われているといえよう。

こうした現状を背景として、日本のニューカマー教育に最も関係の深い研究学会『異文化間教育学会』でも、二〇〇三年には紀要で『地域ネットワーキングと異文化間教育』が特集されている。[3] しかし、それらの論考でも現状ではまだネットワーク形成のための課題分析や問題解決型の研究は十分とはいい難いように見える。

他方、外国人教育の領域の外に目を転じて見ても、学校と学校外のネットワーク形成が大きな課題となっている。[4] よく知られるように、第一五期中央教育審議会第一次答申(一九九六年)は、「学校・家庭・地域社会三者の連携」を強調し、その後の「学社連携」論議の発端となった。また、一九九八年のNPO法の成立以降のNPOの急速な増加に伴い、NPOの教育力が注目を集めている。NPOを有力な地域社会のアクターとして位置づけ、その教育に関わる役割を学校と共に追求することが課題となってきている。[5] このように現在、日本の教育全体で、学校教育をめぐるネットワークづくりのための政策や制度づくり、またネットワーク形成を促す社会文化的条件までも含めた広い視野からの議論が求められているのである。アメリカのニューカマー支援の検討は、こうした「学社連携」に関わる議論のための視点も提供するだろう。

私は二〇〇二年九月から二〇〇三年七月まで、ワシントン州オリンピア市とその周辺地域(サーストン郡)でベトナム人コミュニティを中心にアジア系児童・生徒の生活と教育の実態、支援NPOの活動、行政、企業の支援の実態など包括的なフィールドワーク調査を行った。二〇〇五年三月には補充調査を実施した。オリンピア市とその周辺地域でのニューカマー生徒と、彼らを取り巻くボランティアやNPOの支援活動が本書での検討対象である。本書の概要は以下のようである。

序論では、学校、NPO、ボランティアによる連携的・協働的な教育支援のあり方をネットワーク型支援と概念化し、その重要性を述べる。また、アメリカのワシントン州で私が行った調査の概要と、ネットワーク型支援をとらえる〈政策・制度〉と〈歴史・文化〉の視点を提示したい。

第一章ではアメリカのインドシナ難民受け入れの歴史を概括した後、オリンピアにおける難民支援の経緯を、難民の受け入れと定住に直接関与した草の根レベルでの支援者たちに焦点を当て見ていきたい。

第二章と三章では、オリンピアの小学校と高校でのネットワーク型支援の実態を記述する。学校活動に参加する多様な外部者(ボランティア、インターン、学習補助者たち)がいかにベトナム人生徒の支援に参加しているかを見ていくことにする。

第四章と五章では、私が長期間調査した二つのNPOを対象にして、NPOによるベトナム人生徒支援の実態と、NPOが形成する学校や地域社会とのネットワークの形成要因について検討する。

第六章では、学校の教室場面に焦点を当て、多様なボランティアたちとニューカマー生徒との関わりを詳細に見ることから、ネットワーク型学習指導の効果を指摘したい。

終章は六章までに述べてきたオリンピアでのニューカマー支援を国際比較の視点から整理し直し、日本でのネットワーク型支援の構築のために参考となるいくつかの論点を提出してみたい。

なお、二〇〇二年から二〇〇三年の現地調査は、神戸商科大学(現兵庫県立大学)在外研究助成によるものである。また、神戸商科大学後援基金からは在外研究助成金と学術出版助成金をいただいた。長期にわたる在外研究と本書出版の機会を与えていただいた本学および本学後援基金に対して感謝申し上げたい。

1 中川明編『マイノリティの子どもたち』(明石書店、一九九八年)。村田翼夫「外国人子女教育—帰国後の再適応問題を考慮して」(天野正治、村田翼夫編著『多文化共生社会の教育』玉川大学出版部、二〇〇一年)。

2 兵庫県在日外国人教育研究協議会『二一世紀　兵庫の学校デザイン—理念・調査・提言—』(外国人の子どもに関する教育将来構想検討委員会報告、二〇〇二年)。

3 異文化間教育学会『異文化間教育　18　特集地域ネットワーキングと異文化間教育』(アカデミア出版会、二〇〇三年七月)。

4 藤田英典「第一章　共生空間としての学校」(佐伯胖、藤田英典、佐藤学編『シリーズ学びと文化⑥　学び合う共同体』東京大学出版会、一九九六年五月)。佐藤一子著『子どもが育つ地域社会』(東京大学出版会、二〇〇二年一〇月)。

5 佐藤一子編著『NPOの教育力　生涯学習と市民的公共性』(東京大学出版会、二〇〇四年六月)。

目次／アメリカの教育支援ネットワーク

アメリカの教育支援ネットワーク

ベトナム系ニューカマーと学校・NPO・ボランティア

序章　ネットワーク型支援の探求

1　ダイアード型支援からネットワーク型支援へ

本書では学校、ＮＰＯ、ボランティアなどによるニューカマーの子どもに対する連携的・協働的な教育支援のあり方をネットワーク型支援と呼ぶ。ネットワーク型支援の基本理念は、地域社会のさまざまな人や資源を利用し、多様で水平的なつながりの中から支援を模索し構築することである。本書ではアメリカのワシントン州オリンピア市に居住するベトナム人生徒たちへの支援活動を事例にして、ネットワーク型支援の仕組みやネットワークを形成するための条件について考えていきたい。

ベトナム戦争終結後、ベトナム、カンボジア、ラオスなどから数十万のインドシナ難民がアメリカに渡った。本書の舞台となるオリンピア市も、数千人のインドシナ難民が定住した地域である。近年オリンピア市では、韓国、フィリピンなどのアジア系ニューカマーやメキシコ、南アメリカなどのヒスパニック系ニューカマーも増加している。こうしたニューカマーの増加に伴い、オリンピアではこの約二、三〇年の間に、学校、NPO、ボランティア、さらに、企業、行政組織などが協働・連携する教育支援が展開してきた。このような異職種によるネットワークがいかに構築されているのか、フィールド調査から具体的に探ることが本書の課題である。ネットワーク型支援の詳細な内容は本書を通して明確にしていく課題だが、まずはじめに大まかなネットワーク型支援のイメージを示しておきたい。

ここではネットワーク型支援の特徴を、「ネットワーク」と「ダイアード」の対比から説明してみたい。ダイアードとは二つのものが対となる一対一の関係のことである。従来の日本のニューカマーへの教育支援のあり方は、ダイアード型支援であったといえるだろう。つまり、学校が主役となり、ニューカマー生徒に対していかに学習を援助していくかという従来の学校教育の視点から問題が考えられてきた。そこでは「学校」と「ニューカマー生徒」といったダイアードの関係で問題解決が追求されている。学校の中でさえも、「国際学級」あるいは「外国人児童担当」の教師と「ニューカマー生徒」といったダイアードの関係に問題が縮小され、学校全体の支援体制を築くことが困難であったのが現状といえる。日本のニューカマーの教育問題を詳細にフィールドワークした研究書でも「日本の学校・教育システムに、かれら[注：ニューカマー]を受け入れる素地やノウハウがそもそもない」ために、ニューカマーへの「日本語指導」や「適応指導」に対して「すべての負担が担任教師の肩にかかってくる」ことや「個々の教師の努力に対応の中心部分がゆだねられている」と指摘されている。[1]

現代日本は学校が子どもの日常生活や親の関心の中心となる「学校化社会」であるといわれる。学校化社会の中では、学校を視点にあらゆる子どもをめぐる問題が考えられがちである。そのため、学校に子どもを支援し育てる責任が過度に集中しているといえるのではないだろうか。私が本書で探求するのは、こうした「ダイアード型支援」の対極にある「ネットワーク型支援」である。つまり、学校と連携する多様な支援のアクターを地域の中に配置し、それらアクター間の責任の分与や相互補完から子どもへの支援を達成しようとする支援のあり方である。

アメリカの著名なＮＰＯ研究者レスター・サラモンは、現在、世界中で「連帯革命」が生じているという。従来の行政、企業、学校といった旧来の組織が単独で地域社会の問題を解決するのでなく、非営利組織やボランティアの活動が連帯し合い、社会的・公共的問題への共同的解決のアプローチが世界中で注目され、さまざまな取り組みが始まっている。[2]

また、ロバート・パットナムたちは社会関係資本(Social Capital)の概念を使い、別の立場から連携とネットワークの重要性を強調している。社会関係資本とは、地域の中の組織や個人の「関係」のネットワークからつくられコミュニティに蓄えられた「資本」である。また、社会関係資本はネットワークを通して形成される相互扶助や信頼の規範でもある。パットナムはさまざまなネットワークが作られ、相互扶助や信頼の規範が分厚く蓄積された地域社会は、地域の問題解決を主体的、協力的に追求できるという。[3]金やモノが「資本」ではなく、人の信頼関係と組織のネットワークが地域社会の資本となるのである。

ニューカマーの支援をめぐって、人と組織の関係のネットワークがいかに構築され、いかなるプロセスから信頼の規範が蓄積されていくのだろうか、本書ではそれをアメリカの事例から考えてみたい。

2　研究の課題と視点

ここで本書で検討する課題と検討の視点を示しておきたい。まず、ネットワークとはごく初歩的な定義に従えば、「自律的な組織や人が網状に繋がり、全体としてアイデンティティを保ちながら相互作用をしている状態」[4]である（傍点筆者）。この定義では、傍点で示したように、ネットワークは二つの単位（ドット）が繋がってできている。つまり、「組織」と「人」である。ネットワークは「組織」と「人」が連結し、さらにそれらが連結することで一つの目的を追求するアイデンティティの共有が作られている状態なのである。したがって、ネットワーク型支援を見ていく場合、まず「人」と「組織」という二つの分析対象、さらにそれを取り巻く環境という「分析単位」に注意する必要があろう。そこで、本書では**図1**のような「ネットワーク型支援の分析枠組み」を設定する。図1の中心に網線で示したように、以下の分析では〈参加〉と〈連携〉からつくられる「組織文化」のあり方に着目する。まず組織の中の「人」を対象にして異なる人同士がボランティアやさまざまな立場で〈参加〉する組織文化とはいかなるものか、次に「組織」を対象にして異なる組織同士が〈連携〉する組織文化とはいかなるものか、さらにそうした組織文化を形成する環境

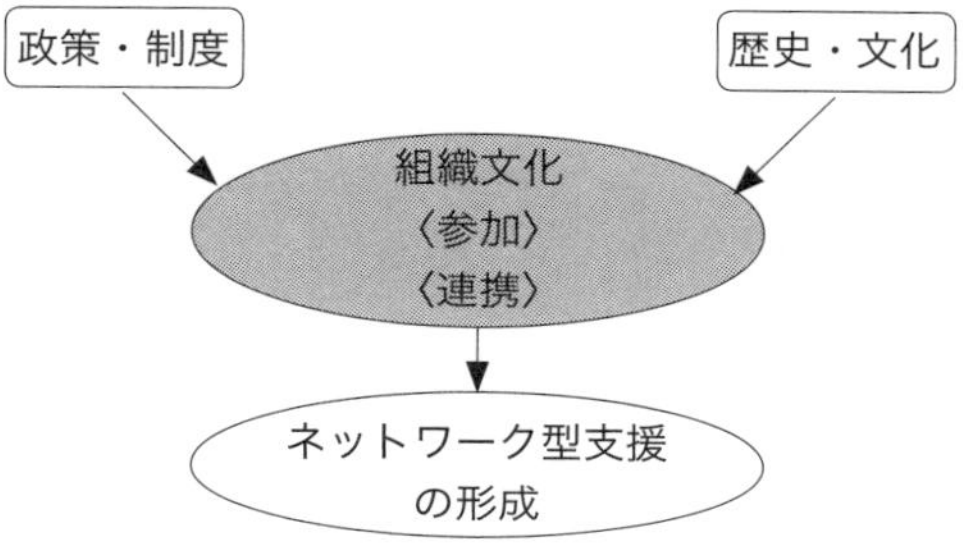

図1　ネットワーク型支援の分析枠組み

要因として〈政策・制度〉と〈歴史・文化〉はいかに関わるかという研究課題を設定する。

組織文化とは組織成員に共有されている特有の価値、規範・信念、あるいは習慣となった行動が絡み合ってつくるシステムのことである。[5] 組織社会学の一領域である組織文化論はこうした「文化のシステム」に着目することで、組織の持つ「全体的特性」を明らかにし、さらに組織間の「文化的差異」や「異組織間コミュニケーション」を探求する研究領域である。組織文化論のパースペクティブを用いることで、アメリカ社会での組織への外部者の〈参加〉や他組織との〈連携〉のあり方を文化的特性として抽出し、その特性がいかなる要因から形成されているかという分析視点を導入することができる。また、組織文化論では組織成員の持つ「特有の価値、規範・信念」といった成員の「考え方」に着目する。一つの組織成員は、特有の「認識枠組み・ものの見方」を有している。以下ではそうした認識枠組み・思考回路に生じる意味のシステムが、どう〈参加〉と〈連携〉に関係するか検討していきたい。[6]

ここで〈参加〉と〈連携〉に関する研究視点をもう少し具体的に示し

ておく。まず、外部者の〈参加〉については、ニューカマー支援に関わるNPOやニューカマーが学ぶ学校に参加しているボランティアや支援者たちを対象にして、彼らがいかに支援活動に参入しているのか、彼らの行動、考え方、価値観、さらに彼らを受け入れる組織の文化的特性に焦点を当て検討する。

次に、他組織との〈連携〉については、NPO、学校、行政組織などがいかに連携し協働しているのかを、組織の内部構造や内部文化、さらに組織間の連携を可能とするリーダーシップや媒介者の役割などに焦点を当てて検討する。

ところで、日本社会にはいたるところに外部者の参加を拒む強固な「参入障壁」が存在しているといわれる。日本社会はまた、異なる組織間の壁が厚い「閉じた組織社会」だともいわれる。結局、その「外部者への参入障壁」や「閉じた組織社会」という弊害が、本書で述べるような支援ネットワークの形成を困難にしてきたのではないだろうか。アメリカ社会は、日本と比較した場合、異なる個人や組織がつながりやすく、容易に参加と連携のネットワークを構築できる社会だと思われる。

なぜアメリカでは異組織への参入障壁が低いのだろうか。なぜ、組織間の連携が可能となるのだろうか。本書では図1の分析枠組みに示した組織文化を形成する環境要因〈政策・制度〉と〈歴史・文化〉を分析することから、この問題の解明を行いたい。私は先にも述べたパットナムたちがイタリアでの社会関係資本の蓄積を、政治・経済制度やネットワークそのものの「構造的な側面」と、信頼観、相互扶助の価値など「文化価値的な側面」から議論していることに着目し、アメリカのネットワーク型支援を形成する環境要因を大きく二つの要因群〈政策・制度〉と〈歴史・文化〉の二つに分け、この二つの相互作用という分析枠組みを設定した。

まず、〈政策・制度〉は、ネットワークを構築し、効果的に運用するための明示的な「仕組み」である。各章で詳しく述べるが、アメリカでは七〇年代以降、連邦の教育政策や各種法制度整備によって、マイノリティ（ニューカマーを含む少数集団）への教育支援が進み、その過程で学校とNPOとの連携を重視した支援制度が確立してきた。また、多くのボランティアが支援に参加する法制度も同時期に作られていった。支援ネットワーク形成にもこうした〈政策・制度〉の展開が大きく関わっていると思われる。本書では、主に学校とNPOとの連携や学校ボランティアの参加を促す制度を対象にして、参加と連携を作る仕組みがいかに制度に埋め込まれているのかという視点から見ていきたい。[7]

次に、〈歴史・文化〉は、ネットワークづくりのいわば土壌である。アメリカはメイフラワー号の時代から今日まで大量の移民・難民を受け入れてきた。そして、NPOやボランティアによる彼らへの支援もまた建国以来の伝統である。こうしたアメリカの歴史・文化は、ネットワーク形成の担い手となる人々にある特有の『心の習慣』を生み出してきたと思われる。[8] 日本への支援ネットワークの適用可能性を考える上でも、目に見える政策・制度だけでなく、ネットワークの「意味」を歴史・文化の文脈から考えることはきわめて重要である。以下では、特に私が行った学校やNPOでの観察やインタビューから得られた質的データをマイクロ・エスノグラフィーの手法によって考察していきたい。[9]

3　調査地の概要

ここで、調査地オリンピアについて簡単に触れておきたい。オリンピア市はワシントン州の州都である。ワシントン州にはベトナム戦争以降、多くの難民が移り住んだ。二〇〇〇年にはワシントン州に約七万八千人のインドシナ系住民(ベトナム人、カンボジア人、ラオス人)が住んでいる。この数は、カリフォルニア州、テキサス州に次いで多い。

ワシントン州には三九郡がある。オリンピア市が属するサーストン郡は、シアトルから南へ約一〇〇キロ、オレゴン州の州都ポートランドから北へ一六〇キロの地にある。同郡はオリンピア市と、同市に隣接した二つの市とその他地域から構成され、郡人口は約二三万人である(二〇〇六年現在)。

サーストン郡は、元々住民のほとんどが白人という地域であった。一九七〇年サーストン郡で白人の占める割合は九八・一%であった。ベトナム戦争後、インドシナ難民の受け入れが始まり、徐々にインドシナ系住民数が増加してきた。さらに近年では、フィリピン、韓国、ヒスパニックなどの民族集団も急速に増え、この二〇余年で多民族社会へと変容してきている地域である。**表1**のように、二〇〇〇年の人口構成では同郡内の白人人口は八一・一%へと減少した。逆にアジア人人口は四・四%で、ヒスパニック系とほぼ同数の民族集団となっている(表1参照)[10]。

オリンピア市での調査では、**図2**に示したように、ベトナム人家族が集住するEビレッジとその周辺のG小学校、K高校およびN高校で集中的なフィールドワーク調査を実施した。また、ニューカマー生徒への支援と関わりの深い地元NPOを二団体選び、その支援活動も調査した。主な調査内容は、それぞれの機関へ定期的に通い行った参与観察と、教師、NPOスタッフ、親、子ども、ボランティアなど約六〇名への詳細なインタビューである。次章以降では、これらの調査データをもとに支援ネットワークの実態とネットワーク形成要因を検討していきたい。な

表1　調査地の民族別人口構成

全人口数	207,355	100
白人	168,225	81.13%（＊）
ヒスパニック系	9,392	4.53%
黒人	4,881	2.35%
アメリカ・インディアン	3,143	1.52%
アジア系	9,145	4.41%
インド人	468	0.23%
中国人	820	0.40%
フィリピン人	1,574	0.76%
日本人	791	0.38%
韓国人	2,044	0.99%
ベトナム人	1,931	0.93%
その他アジア人	1,517	0.73%
ハワイ太平洋諸島	1,078	0.52%
その他	3,506	1.69%
複合人種	7,985	3.85%

（＊）1970年：98.1%
出典　U.S. Census Bureau, Census 2000.（一部修正して使用）

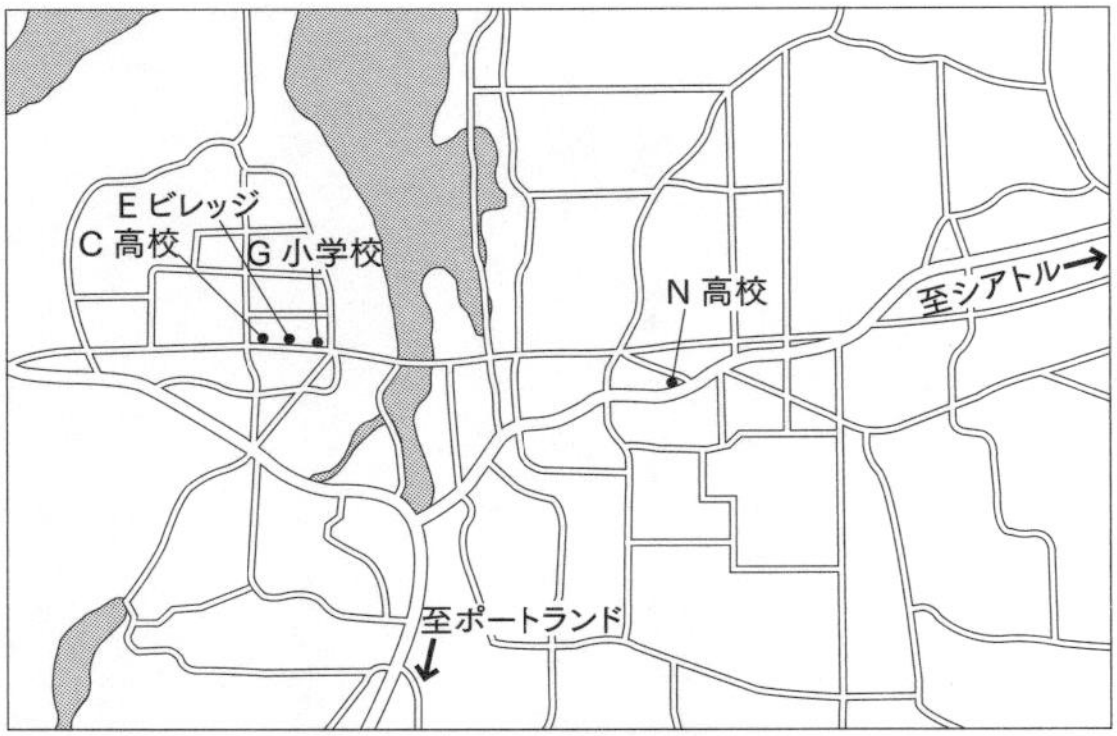

図2　調査地の地図

お、本書で記述する人物名はすべて仮名である。また、本文中の[注：]欄は、筆者(野津)による注記である。

なお、本書の各章は、筆者による次の論文を加筆訂正したものである。

第一章　野津隆志「アメリカの教育支援ネットワーク(第一章)―オリンピアにおけるインドシナ難民支援の歴史―」(兵庫県立大学人文論集四〇巻一号、二〇〇五年一月)。

第二章　野津隆志「アメリカの教育支援ネットワーク(第二章)―小学校における学習支援者たち―」(兵庫県立大学人文論集四〇巻二号、二〇〇五年三月)。

第三章　野津隆志「アメリカの教育支援ネットワーク(第三章)―高校のESLクラス支援者たち―」(兵庫県立大学人文論集四〇巻二号、二〇〇五年三月)。

第四章　野津隆志「アメリカの教育支援ネットワーク(第四章)―NPOによる放課後クラブ活動―」(兵庫県立大学人文論集四二巻

一号、二〇〇七年三月）。

第五章　野津隆志「アメリカのＮＰＯによる職業訓練支援のフィールドワーク―連携を作る〈制度〉と〈文化〉―」（平成一八年度科学研究費補助金報告書『外国人支援ＮＰＯによる多文化共生ネットワーク形成の国際比較』（研究代表　松田陽子）二〇〇七年三月）。

第六章　野津隆志「アメリカにおけるネットワーク型学習支援のミクロ構造―高校授業のフィールドワークより―」（平成一八年度科学研究費補助金報告書『外国人支援ＮＰＯによる多文化共生ネットワーク形成の国際比較』（研究代表　松田陽子）二〇〇七年三月）。

終　章　書き下ろし

［注］

1　志水宏吉・清水睦美編著『ニューカマーと教育―学校文化とエスニシティの葛藤をめぐって』（明石書店、二〇〇一年）。

2　レスター・Ｍ・サラモン、Ｈ・Ｋ・アンハイアー（今田忠監訳）『台頭する非営利セクター　一二カ国の規模・構成・制度・資金源の現状と展望』（ダイヤモンド社、一九九六年）。田中尚輝『ボランティアの時代　ＮＰＯが社会を変える』（岩波書店、一九九八年）。

3　ロバート・Ｄ・パットナム（河田潤一訳）『哲学する民主主義―伝統と改革の市民的構造』（ＮＴＴ出版、二〇〇一年）。

4　朴容寛『ネットワーク組織論』（ミネルヴァ書房、二〇〇三年）。

5　桑田耕太郎・田尾雅夫『組織論』(有斐閣アルマ、一九九八年)。

6　こうした組織成員の「特有の価値、規範・信念」を重視する視点は、組織社会学の中では組織の価値観や規範よりもさらに根元的なものとして組織成員の「認識枠組み・ものの見方」を設定する「新制度派組織理論」が強調している。「新制度派組織理論」については、佐藤郁哉、山田真茂留『制度と文化―組織を動かす見えない力』(日本経済新聞社、二〇〇四年)を参照。

7　ポール・ミルグロム、ジョン・ロバーツ(奥野正寛他訳)『組織の経済学』(NTT出版、一九九七年)。

8　ロバート・ベラー他『心の習慣―アメリカ個人主義のゆくえ』(みすず書房、一九九一年)。ロバート・ベラー他『善い社会―道徳的エコロジーの制度論』(みすず書房、二〇〇〇年)。

9　マイクロ・エスノグラフィーの手法については、箕浦康子編著『フィールドワークの技法と実際』(ミネルヴァ書房、一九九九年)。また、箕浦康子編著『日本における文化接触研究の集大成と理論化』(平成一二年度～一三年度科学研究費補助金基盤研究(c)(2)研究成果報告書、二〇〇二年)。

10　ヒスパニックとは英語の Hispanic American の略。メキシコ、プエルトリコ、キューバなど中南米のスペイン語圏諸国からアメリカに渡ってきた集団をいう。近年増加傾向にあり、二〇〇三年現在でアメリカの人口の一三・四%(四〇〇〇万人)を占め、最大の少数民族集団となっている。なお、オリンピア市のみの民族別人口構成では、アジア人はヒスパニックを上回る。同市の総人口四万二五一四人のうち、多い順に、白人三万五三四三人(八三・一三%)、アジア人二四五四人(五・七七%)、ヒスパニック一八六三人(四・三八%)である(二〇〇〇年統計)。

第一章　オリンピアにおけるインドシナ難民支援の歴史

本章では、ベトナム戦争終結後のアメリカにおけるインドシナ難民受け入れの歴史を概括した後、調査地オリンピアにおける難民支援の経緯を具体的に見ていきたい。当時、人口のほとんどが白人であった小都市オリンピアで、インドシナ難民を誰がいかに受け入れたのだろうか。ここでは一九七〇年代後半から八〇年代後半ごろの難民受け入れ開始時に、彼らの定住に直接関与した草の根レベルでの支援者たちに焦点を当てたい。すなわち、受け入れの現場に立った教会メンバー、NPOのボランティア・コーディネータ、そして学校教師たちである。彼らは難民支援にいかに参加したのか、私が行ったインタビューから再構成してみたい。

さらに、ここでは難民支援者たちへのインタビュー記録を詳細に読み込むことによって、彼らの支援参加の背後にあるボランティア意識やボランティアを受け入れた支援団体の組織文化の特徴を抽出したい。インドシナ難民支援の初期段階に見いだされるボランティアへの参加意識や、受け入れ組織の外部者参加への対応は、次章以降で述べる現在の学校ボランティアやＮＰＯの事例にも共通する基本的価値観や行動パターンの特徴を示していると思われる。

1　アメリカのインドシナ難民受け入れ政策

アメリカは建国以来、数百万人の難民を受け入れてきた国である。一六二〇年、メイフラワー号に乗った清教徒たちは、本国イギリスでの迫害を逃れ、希望の地「新大陸」のマサチューセッツ海岸に辿り着いた。彼らは今日の「宗教難民」と呼べなくもない。

また、アメリカは「移民」でできた国でもある。一七世紀からのイギリス、フランスの「植民地」への移民に始まり、二〇世紀初頭の産業成長期にはヨーロッパやアジアからだけでなく世界中から大量の移民がアメリカに押し寄せてきた。[1]

図1は、第二次大戦後のアメリカの難民受け入れ数の推移を示したものである。数年おきにグラフ曲線の振幅がある。これは、それぞれの時期に大きな国際問題による難民が発生し、そのたびにアメリ

カの大規模な難民受け入れがあったことを示している。例えば、一九五〇年代にはハンガリー難民の受け入れ(三万八〇〇〇人：一九五六年〜一九五七年)や、六〇年代にはキューバ難民の受け入れがあった(七六万人：一九五九年〜一九七七年)。

図1では一九八〇年ごろに極端に受け入れ数が増加している。これは、いうまでもなくベトナム戦争が終結した後、インドシナ難民受け入れが大規模に生じたことを示している。ここで、簡単にインドシナ難民発生と受け入れの経緯を概括しておく。[2]

アメリカのインドシナ難民受け入れには何度かの波がある。[3] まず、第一の波は一九七五年ベトナム戦争終結直後から数年である。一九七五年四月北ベトナム軍にサイゴンが制圧された。同時期に、隣国カンボジア、ラオスでも内戦終結と共産主義政権樹立が生じ、これらの地域では大量の難民が発生した。アメリカはベトナム戦争終結の翌月に急遽「インドシナ移民難民援助法」を制定

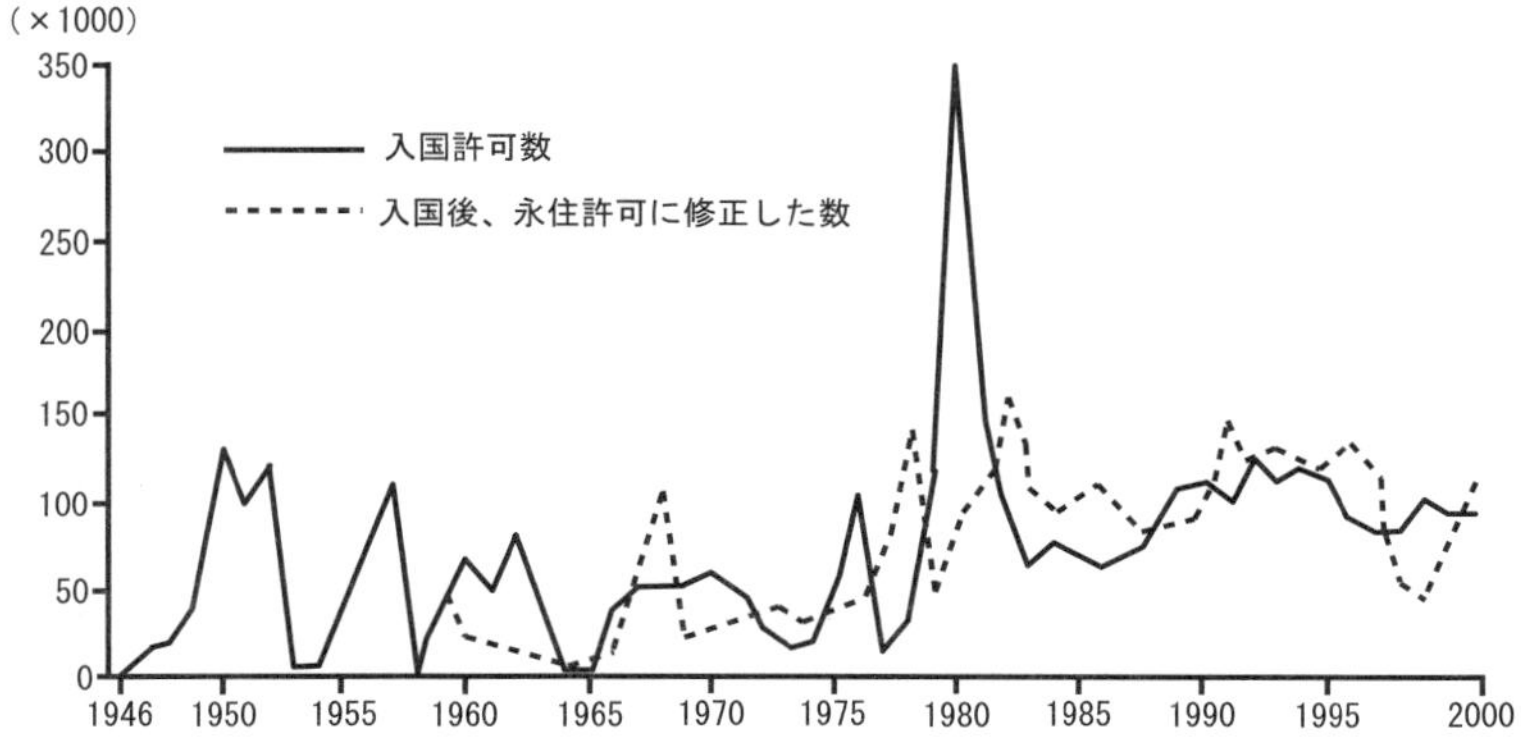

図1　アメリカの難民受入数の推移

出典:2001 Statistical Yearbook of the Immigration and Naturalization Searvice
(http://www.immigration.gov/graphics/shared/aboutus/statistics/Yearbook2001.pdf)

し、大量の難民を国内に受け入れ始めた。七五年だけでもインドシナ三国から一三万人がアメリカに入国した。ワシントン州でもタコマ市にある軍事基地内に受け入れ施設が作られ、続々と難民が収容されていった。七五年だけで一万八〇〇〇人のインドシナ難民を同州は受け入れた。[4]

第二の波は最も巨大な波で、一九七九年から約五年間である。図1からも分かるように、インドシナ難民の流入は七九年、八〇年にピークがある。この時期の難民の多くはいわゆる「ボートピープル」と呼ばれる戦乱の最大の犠牲者達であった。約四〇万人といわれるベトナム人が粗末な木造船に乗って脱出し、脱出者の半分は大海の闇に死亡したといわれる。幸運な後半分は漂着地であるタイ、マレーシアなどに作られた難民キャンプにいったん収容された後、アメリカやその他諸国に受け入れられた。

第三の波は一九八六年から約一〇年である。七九

表1 アメリカのインドシナ難民と移民の受入数推移

	移民受入数		難民受入数	
年　次	ベトナム人	三国の合計	ベトナム人	三国の合計
1951-1970	4,675	4,998		
1975	3,039	3,233	125,000	130,400
1980	4,510	4,837	95,200	166,700
1985	5,120	5,530	25,222	49,592
1990	37,773	47,714	27,797	38,841
1995	13,157	14,953	32,250	35,938
2000	21,171	23,949	2,839	2,903
2001	25,180	28,474		
合　計	412,449	504,217	753,518	1,140,623

注：三国合計はインドシナ三国(ベトナム、カンボジア、ラオス)合計
出典：Southeast Asia Resource Action Center(SEARAC)
American from Cambodia, Laos and Vietnam Statistics, 2003, (www.searac.org)
http://www.searac.org/sea_stats.2003.01.27.pdf

年に国連難民高等弁務官事務所（UNHCR）とベトナム政府との間で合法出国計画（ODP: Orderly Departure Program）が締結され、「ボートピープル」問題が一応解決した。この計画により、八〇年から家族再会や人道的なケースの場合は、ベトナムから合法的出国が認められることとなった。ODPによりベトナムから出国した難民は八〇年代後半急増し、現在までに六〇万人に達している。また、この時期には、U.S.ホームカミング（帰郷）法によって、「アメレジアン」と呼ばれるアメリカ人軍人を父とする子どもとその家族たちが受け入れられた。また同時期には、戦犯として再教育キャンプに収容され、その後解放された人々とその家族もODP難民として入国してきた。

表1に示したように、インドシナ三国からの難民のアメリカ入国は、一九八〇年一六万六七〇〇人をピークに次第に減ったが、それでも八〇年代から九〇年代前半まで毎年三万人から五万人の入国があった。一九七五年から二〇〇〇年までに三カ国から難民として入国した数は一一四万人にも及ぶ（ベトナム人七五万人、ラオス人二四万人、カンボジア人一四万五〇〇〇人）。

また、表1により九〇年代からは「移民」資格の入国者数も増えていることが分かる。九〇年に難民数は三万八八〇〇人だが、同年の移民数は四万七七〇〇人に逆転している。したがって、アメリカに在住するインドシナ三国出身者の数はこれからも増え続けることが予想される。

2　アメリカのボランティア参加意識

アメリカの難民・移民受け入れの歴史で興味深いのは、キリスト教会に代表される宗教団体が大きな役割を演じてきたことである。アメリカ建国以来、キリスト教団体はヨーロッパから渡来した移民を支援してきた長い歴史がある。第二次世界大戦前のユダヤ人難民、戦後のハンガリー難民発生時にも、それぞれの民族が設置した民族系教会が受け入れ母体となり受け入れを支援してきた。[5] こうした宗教的伝統を継承し、インドシナ難民の受け入れ時にもキリスト教会が深く関与した。

アメリカの著名な社会学者ロバート・H・ベラーたちによる著書『心の習慣』は、アメリカ人の基本的な行動やその背後にある伝統的価値観を詳細に分析している。[6] ベラーたちは、アメリカ開拓時代からのコミュニティの精神的支柱に教会があったと指摘している。教会組織が多くの教育、社会、宗教のサービスを提供し、その教会のメンバーの自発的奉仕や寄付が奨励された。聖書に従い「相手の立場を構わずに善行を施すサマリア人にならうこと」を理想とするキリスト教道徳がコミュニティへのアイデンティティの一部となっていった。現在でもアメリカは九割の市民が神を信じ、四割が規則的に教会の礼拝に出席する国である。[7] こうしたキリスト教の伝統が持続している国だからこそ、インドシナ難民定住に教会が中心的役割を果たしたのである。次節でオリンピアでの教会、ＮＰＯ、学校でのインドシナ難民支援の始まりを記述する前に、ここでアメリカのボランティアの一般的傾向を確認しておきたい。

ベラーたちによれば、現在のアメリカ人のボランティア活動への参加度の高さも、アメリカ開拓時代からの伝統が関与している。一八世紀以降、アメリカ全土に建設されていったコミュニティは、行政部門を委員会で構成し、委員会メンバーは無償奉仕であった。コミュニティは社会的な活動に自発的に参加するアメリカ人の心の習慣を作っていった。頼るべき政府のない厳しい社会環境が、コミュニティ・レベルでの参加、連帯、協力の精神を育んでいったといえる。

確かにアメリカ人のボランティアへの参加意欲の高さは、現在の国際比較によっても裏付けられている。**表2**に示した国民生活白書(平成一二年度版)の記載によれば、アメリカとその他六カ国のボランティア活動参加率を比較すると、アメリカは他の六カ国に比べ参加率が圧倒的に高い。アメリカの「活動参加率」は五五・五%である(注:活動参加率とは過去一年間になんらかのボランティアに参加したと回答した人の割合である)。逆に日本はアメリカの半分以下の参加率(二五・三%)しかない。

アメリカ人のボランティアへの参加意欲の高さは、別の調査か

表2　アメリカやイギリスに比べ低いわが国のボランティア活動参加率

	アメリカ(1998年)	イギリス(1997年)	日本(1996年)	オランダ(1998年)	フランス(1996年)	ドイツ(2996年)	韓国(1999年)
活動参加率	55.5	48.0	25.3	24.0	23.4	18.0-16.0	13.0

備考：　アメリカはIndependent Sector "Giving and Volunteering in the United States"(1999年)、イギリスはThe National Centre for Volunteering "National Survey of Volunteering in the UK"(1997年)、日本は総務庁「社会生活基本調査報告」(1996年)、オランダはThe Netherlands Organizations for Voluntary Workers "NOV Barometer 1998"、フランスはThe Foundation de France "Giving and Volunteering in France 1997"、ドイツはEuro-Volunteer Information Pool(EU委員会から助成されたプログラム)、韓国は統計庁「社会統計調査報告書」(1999年)より作成。

［引用：国民生活白書(平成一二年版)］

らも指摘できる。アメリカのＮＰＯシンクタンクである『独立セクター（INDEPENDENT SECTOR）』の調査によれば、アメリカ成人の四四％がボランティア活動を行い、それは九〇〇〇万人以上のフルタイムの就労者数、二三九億ドルの経済価値に匹敵するという。[8]

さらに、連邦政府のボランティア振興機関であるＣＮＣＳ（Corporation for National and Community Service）の調査によれば、二〇〇五年に全米でボランティア参加者のボランティア参加時間は平均五〇時間である（ＣＮＣＳについては、次章で詳述する）。また、同調査では、ボランティアを実施した団体（場所）で最も多いのが宗教団体（三四・八％）、ついで教育・青少年団体（二六・二％）、社会・地域社会の団体（一三・四％）となっている。宗教団体でのボランティア活動の活発さがこの調査からも分かる。[9] こうした、アメリカのボランティアへの高い参加意欲、特に宗教団体が行うボランティアへ参加度の高さは、以下で述べるオリンピアにおける難民支援にも大きく影響している。

3　オリンピアにおける難民定住支援

(1)　教会による支援の始まり

オリンピアで最初にインドシナ難民を受け入れたのは、多くのキリスト教会であった。ここでオリンピアでの受け入れについて記述する前に、キリスト教会による難民支援の仕組みを述べておきたい。現在、キリスト教教会を含むアメリカのさまざまな市民団体は、ボラーグ（Volags）と呼ばれる難民支援の連合団体を組織している。ボラーグは難民受け入れ時には、連邦政府と協議し、難民の定住支援を組織的に展開してきた。ボラーグは各州に支部を持ち、さらに各郡の宗派連合・市町の宗教連盟や各宗派の末端組織まで統括している。

二〇〇七年現在、ワシントン州でも、カソリック、プロテスタント、ユダヤ教会などさまざまな宗教団体が州ボラーグとして難民支援活動に参加している。[10] 州レベルのボラーグは連邦レベルでの連邦政府と連邦ボラーグの協議を受け、州政府と協議し、何千人（あるいは数万人）の難民を各州内に受け入れ可能か決定する。さらに州ボラーグは州内の下部宗派団体と連絡し、各地域ごとに難民受け入れ可能数を調整し、難民の受け入れ先を割り振る。

こうした難民受け入れの系統だった仕組みがアメリカの歴史の中で築かれていた。一九七五年アメリカ軍のサイゴン撤退が目前となった時も、アメリカ政府はいち早く民間団体と難民受け入れについて協議を開始している。その協議の主役はやはりボラーグだった。

一方、受け入れの末端では「スポンサー」とよばれるボランティアが個々に難民家族の世話をし、定住を助けるという仕組みができている。彼らは、教会の呼びかけに応じて難民家族の「世話役」を引き受ける教会メンバーや一般のボランティアたちである。[11] では、オリンピアではどう受け入れられただろうか。以下で見ていきたい。[12]

オリンピアでは、まずバプティスト系、カトリック系、メソジスト系など一〇以上の教会が支援のための連合組織を作り、一九七五年から八〇年代初頭まで、毎年数百人の難民を受け入れた。その後、八〇年代半ばから難民支援NPOや民族団体が成長し、それらの団体が受け入れの主役となるまで、これらキリスト教会の果たした役割は大きい。

各教会では難民の生活定住の手伝いをするスポンサーを募った。スポンサーは、難民がオリンピアに定住するための必要な援助をし、自立を助けるボランティアである。スポンサーの任期は通常半年であるが、その間に難民たちが最低限の日常生活ができるよう難民受け入れ担当行政機関との中継ぎとなり、生活保護、健康診断、医療費補助などの申請や住居・就職先の世話まで行った。また、子どもがいる家族には学校就学のために教育機関との橋渡しとなった。こうした雑多で面倒な支援を行うのがスポンサーの仕事であった。実際にスポンサーたちが行った具体的な活動については、本章4節で詳しく述べる。

オリンピアではインドシナ難民の流入数は、七五年当初は毎月二、三家族という小規模であったが、八〇年頃までに毎月数十の単位に規模は拡大していった。八一年にはサーストン郡全体で難民数は二〇〇〇人を越えた。難民が来るごとに、各教会ではスポンサーを募り、支援活動を行った。教会のボランティア動員能力の高さが伺われる。

各教会には成人英語学級も開設された。英語学級で教える人は、これもまたボランティアたちであった。ファースト・バプティスト教会では、七〇年代にボランティアたちの手によって英語教室が設立され、現在も継続して教室が運営されている。同教会の記録によれば、学級は最初は二クラス三六人で始まり、数年後には一二クラスにも増設された。いかに急激な難民流入であったかが分かる。

(2)　難民センターの創設

教会以外にもボランティアたちによる支援活動が始まった。七五年の受け入れ開始から数カ月のうちに、さまざまな支援団体が組織され、団体間のネットワークが作られていった。まず、受け入れに関する教会同士の定例会議が開催され、教会間の連携が始まった。さらに、教会だけでなく、学校、行政(社会・保健サービス局、警察など)、医者・看護婦団体の間で、連携の輪が広がっていった。医師、教師、学校、教会、民族団体を緩やかに統括したのが、「難民フォーラム」と名付けられた非公式の協議組織である。フォーラムでは、難民支援に関与する団体の情報交換の場となり、様々な支援活動が協議された。

民族組織も結成された。一九七五年ベトナム人は自分たちで「ベトナム互助連盟」を作り、それが行政や他団体との交渉に当たるようになった。八一年には互助連盟はオリンピアの韓国人系仏教寺院を買い取り、ベトナム系仏教寺院を建立するほどに活動は拡大した。一九八二年には、カンボジア連盟も結成され、カンボジア人のための生活援助サービスや民族文化の維持活動を始めた。

こうした支援団体・民族団体の組織化とネットワークは、一九八一年に難民・移民サービスセンター(Refugee and Immigrant Survice Center: 以下、『難民センター』と略記)の創設に結びついた。最初の難民がオリンピアに到着してから六年後のことである。同センター創設の主役となったのは、ベトナム系団体のリーダーと地元教師や医療関係者たちであった。八一年にセントジョーンズ・キリスト教会が場所を提供し、難民センターは活動を開始した。同センターは八一年に設置されてから現在までサーストン郡で難民と移民の支援に直接関わる中核的NPOに成長した。

難民センターはサーストン郡地域の難民・移民の定住支援に関わる通訳補助、住宅情報提供、生活保護申請援助、医療サービス、ESLクラスへの配置など多様なサービスを行ってきた。中でも同センターの最も重要な仕事は、就労先の紹介・斡旋である。

これらの多くの事業は、行政部門で難民・移民行政を担当する「社会・保健サービス局」などとの契約による委託事業であり、同センターは行政サービスと難民・移民の仲介役の機能を果たしている。また、四章、五章で紹介する他のNPOとの連携事業も行ってきた。

難民センターは、九〇年代に入ると二〇数名の専従スタッフを抱える大きなNPOとなった。しかし、現在は、インドシナ難民の流入が減少したため、活動の規模は大幅に縮小している。二〇〇二年には職員数七名で、現地語を話すベトナム人、カンボジア人、ラオス人スタッフが各民族別のサービス担当者となっている。活動規模は縮小したとはいえ、今もボスニア、ロシア、アフリカからの難民や、フィリピンや韓国などアジアからのニューカマーは後を絶たない。同センターは一九九九年には一六〇〇人に上るニューカマーに対してサービスを提供した。

(3) 学校教師による支援の経緯

教会や難民センターは、主に難民家族・成人の生活支援をしてきた団体である。難民児童生徒の教育支援の中核となったのはやはり学校であった。私は、難民受け入れ開始期から教育支援のキーパーソンとして活動した元小学校長リチャードにインタビューをした(二〇〇三年一月七日)。まず、簡単に学校での受け入れの経緯をインタビューから整理しておこう。

彼は、六八年から七〇年に平和部隊の隊員としてタイ北部の中等学校に勤務した経験がある。そうした「アジアに詳しい」という経験を買われ、急遽オリンピア学校区のインドシナ難民受け入れの総括責任者に抜擢されたという。

リチャードの勤務校G小学校では、七五年から難民児童を毎年七人から一〇人受け入れ始めた。ところが、七八年の新学期には、一挙に八〇人もの児童を受け入れた。リチャードによれば、八〇人もの大規模な難民生徒受け入れ時には、「学校区当局は当惑し、教師たちもすごく不安に思ったが、難民児童の英語習得能力や学力の高さがしだいに理解されたため大きな混乱は生じなかった」という。

難民生徒の受け入れ数は、その後も増大の一途をたどった。八〇年にはオリンピア学校区の主な受け入れ三校では合計三五〇人にもインドシナ難民生徒数は増加した。

リチャードは多くの新しい試みを学校の中に取り入れていった。リチャードの行った試みの中で、特に私が注目したいのは、多くの「外部」の学習支援者を学校の中に参入させたことである。まず、多くの補助教員を採用した。補助教員は資格を問わず、英語が多少できるのであればベトナム人、カンボジア人を優先的に採用した。学校区当局も現地人補助者の採用を当然のように支持し、多くの難民が補助教員に採用されたという。さらに、中学、高校では難民の通常クラスでの学習を助けるチューター制度を導入していった。チューターにはすでにアメリカに来て数年がたち英語能力をある程度習得し学校生活に適応したている同じ民族出身の生徒が優先的に採用された。

こうしたリチャードの支援参加者の資格や経験を問わない態度、あるいは学習支援者を難民の中に求める態度には、支援者受け入れへの柔軟で開放的なリーダーシップの資質が見いだせる。さらに、この難民に対する柔軟で開放的な態度は、けっしてリチャードだけではなく、私がオリンピアで調査した多くの支援者たちや支援機関に共通するボランティア参加に対する基本的パターンであり、アメリカにおける一般的な外部者の支援参加を促す文化的特徴のように見える。この問題は次章以降で詳しく検討したい。

4　難民支援に参加したボランティアたち

ここでは、オリンピアの難民受け入れと定住支援に参加したボランティアたちの意識から参加を促す文化的価値観を考えてみたい。オリンピアでのインドシナ難民支援の歴史を振り返り、気づかされるのは、人口四万人という小都市できわめて多くの人々がボランティアとして難民の受け入れと定着に協力してきたという事実である。

オリンピアでは難民受け入れの初期には、毎年数百名の人が教会を通してスポンサーやボランティアとして支援に関与した。また、難民センターが開設された後は、難民家族のチューターとしても、同じように毎年数百名のボランティアたちが支援に関与した。あらためてアメリカのボランティア活動の活発さを知ることができる。

これほど多くの人が支援に参加したのはなぜだったのだろうか。日本人の日常感覚からすると、言葉で意志疎通の困難な、まして「難民」という否定的なイメージのする人々を、なぜかくも多くの人が支援しようとしたのだろうか。ここではボランティアに関わった人たちに対して私が行ったインタビューから、ボランティア意識とボランティアを受け入れる組織文化の特徴を抽出してみたい。

(1)　自発性

ボランティア活動の活発さを支える意識として、まず挙げられるのはボランティアへ自ら進んで参加する意識である。つまり、ボランティアの「自発性」である。まず、難民がオリンピアに定住し始めた最も初期の段階(一九七五年)にスポンサーとなった女性二人から自発性の典型例を見てみたい。

両名とも現在八〇歳を越えるが、四半世紀前の経験を鮮明な記憶の中から語ってくれた。二人の話の内容と生き生きした話しぶりから、彼女らのボランティア活動が自分から積極的に選んだ行為であり、かつその行為を軽やかに楽しんだ事実が想像できる。

●ベティのケース

ベティは、『大家族難民』のスポンサーとなり、教会のメンバーたちとともに定住を支援した女性である。彼女は次のように経験を語ってくれた(インタビュー：二〇〇三年一月八日)。

あれはベトナム戦争が終わった直後だった。教会連合から自分の教会に連絡が来たのだと記憶している。難民家族を受け入れてくれということだった。一家族で九人の子どもがいるという。皆で相談したら、ちょうど聖職者用の住居が空いていた。「OK！　そこに住まわせよう！」ということになった。そこで私は代表でスポンサーとなった。……(略)……

私たちはとても興奮していた。私たちは飛行場に三台の車で迎えに行った。家族を連れて帰ってあらゆる生活の助けを始めた。最初の一カ月はほとんど毎日会っていたと思う。子どもを学校に登録し、母親を買い物に連れていき、医者、歯医者で検査を受けさせ、州の給付金手続きなど、できることを全部やった。……(略)……

インタビュー中の彼女の話しぶりは、まるで遠来の客を迎え入れたときのうれしさにも似た気分を表明しているようだった。インタビュー記述にあるように、「興奮して」「三台の車で迎えに行った」のである。また同時に、彼女は難民という対象をネガティブなイメージで受け止めていないことも分かる。逆に彼女のことばから、一つの家族に親しく接し、甲斐甲斐しく世話をしている様子や、当時の高揚した雰囲気が浮かんでくる。スポンサーとなったのは自発的だったこと、そして何よりもそれを明るく楽しんでいる気分がその自発性を支えていることが分かる。

●アイリーンのケース

別の教会に属するアイリーンは、一九五〇年代に国際線スチュワーデスとしてアジアを訪れていた経験を生かそうと考え、ボランティアとなった。アイリーンも自分の経験を貴重で楽しかった経験として話してくれた(インタビュー：二〇〇二年一二月二日)。

私の教会がスポンサーを捜していた。自分はスポンサーはできないけど、難民の子どもの世話をする仕事ならできると思い、ボランティアを引き受けた。自転車に乗って、八軒の家々を回った。彼らの世話をしたり、子どもに英語を教えたりした。家族からは「アメリカンマミー」と呼ばれた。

……(略)……

しだいに、難民の家族と繋がりができた。彼らの家庭を訪ねるのはいつも楽しみだった。いつも行くと、ベトナムコーヒーを出してもらった。……(略)……

カンボジア人、ベトナム人は毎年新年会をした。そこに招かれた。息子の結婚式に招かれたこともある。難民とつきあって、私はたくさんの知識と経験を得た。友だちも得た。ボランティアをしてほんとうに良かったと思う。……(略)……

アイリーンも教会からの依頼を快く引き受け、自分のできる範囲でボランティア活動に自発的に参加したのだ。彼女もボランティアによって、「新年会」、「結婚式」に招かれ、楽しんだと語っている。私は七〇年代に難民支援のボランティアに関わった人たち六名にインタビューした。そして、彼らに共通するのは、今述べた二名と同じ自発性という特徴であった。

難民は幼児から老齢者まで含み、なによりもディアスポラ(民族離散)の悲劇を経験した人々である。こうした人々の定住を助ける仕事は、けっして簡単なことではないだろう。しかし、彼らは自分の意志でボランティアをはじめている。そして、ボランティアの活動を深刻で重苦しいものではなく「楽しい活動」として受け止めている。自発性とボランティアを楽しみととらえる姿勢が、難民支援に関わったボランティアの基本的な特徴である。

(2)　親和性

次の大きな特徴は、ボランティアに関わった人々の心理的な対人距離である。つまり、ボランティアたちの難民への「心理的障壁の低さ」あるいは「心理的距離の近さ」である。右のインタビュー例にも現れているが、ボランティアをした人たちは対象となる難民と最初から親しくごく自然に接している。私は難民支援に関わった人に「日本人は外国人と接するだけでも抵抗がある。まして『難民』となると接するのにかなり抵抗がある。アメリカではどうなのか」という質問を繰り返しした。私の問いかけに、多くの人が類似した説明の仕方をした。すなわち「歴史的理由」をあげ、難民への関与にわれわれは「慣れている」という説明をした。次のベティの説明がその典型例である。

アメリカは日本とは歴史が違うと思う。自分の親もスウェーデンからの移民だった。世界中から人が来てアメリカができている。アメリカはいろいろな人が混ざった国だ。外国から人を受け入れるのにわれわれは慣れている。

こうしたアメリカの歴史に従った説明は、それぞれ言葉を換えながら多くの人が私にした説明であった。私が「しかし、英語ができない人たちとコミュニケーションするのはたいへんではないのか、面倒ではないのか」という重ねての質問にも、ベティは「私の親もアメリカにきた当時はできなかった。身振り手振りで何とかなるもの。誰も最初はできないのは当たり前」とこともなげに言う。

ここではこうした難民への「心理的障壁の低さ」あるいは「心理的距離の近さ」を難民への「親和性」と呼ぶことにする。難民への親和性は、難民を自分とは異質の隔たった「他者」ではなく、自分の「過去」との類似性に基づく「親しさ」「慣れ」の意識を作り出しているように思える。

アメリカでは、一九世紀末から二〇世紀初頭にかけての産業化・都市化の時代、第一次、二次世界大戦の終結後、そして、本書の対象となるベトナム戦争終結後という時代の節目には大量の移民・難民が入国した。アメリカの建国と発展は常に難民・移民が築いたものであった。そのため、本間が指摘しているように、アメリカ人は、「難民一般に対して、一種の親近感と特別の同情の念を寄せている」という[13]。本間によれば、アメリカ人にとって難民とは「たんに祖国を逃れてきて困っている人」ではない。

私はアメリカ社会は「移民・難民の歴史」という「記憶」が共有されている社会だと思う。そして、この物語が親和性をつくる根底にあるように見える。もちろん、「記憶」はイメージであり、歴史的事実とは異なる。実際にこうした「移民・難民の歴史」がどの程度個人の難民への親和性を形成したかどうかは簡単にはいえない。

けれども、少なくともアメリカ建国の歴史という「記憶」が現在も社会のある層に持続していることによって、(すべての人ではないにせよ)ある人たちはインドシナ難民の背後に遠い過去の記憶を見いだし、難民へのコミットメント(深い関与)を始めたのではないだろうか。「記憶」は難民を自分から隔絶した「他者」として見るのでなく、難民の苦労を自分のこととして共感できる心理的素地を作っていると思われる。

(3)　開放性

三番目の特徴は、ボランティアを受け入れる組織側に見られる「開放性」という組織文化の特徴である。組織の開放性とは、外部者のボランティアを細かい基準を設けず、大らかに受け入れる組織の姿勢である。組織の開放性が存在することによって、ボランティアへの多様な人材の動員が可能となっている。また、組織の開放性は、逆にボランティアをする人々にとってはボランティアへ参加する上での「参入障壁」の低さとなっている。先にも述べたように、学校教師リチャードも多数の外部者を学校での支援活動に参入させた。ここでは、教会でボランティア・コーディネーターとして働いたロビンと、難民センターで同種の仕事をしたセーラへのインタビューから組織の開放性を見てみる。

●ロビンのケース

ロビンは、八〇年代にオリンピアから六〇キロ離れたタコマのカソリック教会のコミュニティ・サービス部門でボランティア・コーディネーターとして働き、さらに九五年から九八年までオリンピアの難民センターで社会サービス・コーディネーターとして働いた。彼のタコマでのコーディネータとしての仕事は、難民家族にスポンサーを紹介し、スポンサーのその後の活動を支援することであった。彼の経験談から、スポンサーとなること(さらに辞めること)への許容度がきわめて高いことがわかる。まず、ロビンは「スポンサーを捜すのは難しいか」という私の素朴な問いに次のように答えた(インタビュー：

二〇〇二年一二月四日)。

ノー[注：きっぱりとした口調で]。すでにスポンサーの受け入れ体制ができているし、宣伝もする。ほかのカトリック教会やいろんな団体の代表をオフィスに招いて、事業への協力を依頼する。情報を出せば誰もが興味を持つ。……(略)……

年間七〇～八〇組のスポンサーのマッチングをした。スポンサーになることを喜んでする人ばかりだった。……(略)……

この回答は先に挙げたボランティアへの自発性の高さを示しているといえよう。さらに、私は「日本では、もし言葉も通じない難民家族の世話をして問題でも起こったらいやだから、なりたがらないと思う。重い責任を感じるだろう。ここではいったんスポンサーとなっても途中でスポンサーを辞めたりしないのか」と質問した。以下の回答から、ここで注目した組織の「開放性」という特徴が伺える。

もちろんやめる人はいる。予想していたより大変だったり、したいことでないことをさせられた、などといろいろ理由があってやめる人もいる。そういうときは、別の家族を紹介したり、やめてもらったりだ。やめたら、別のホスト[注：スポンサー]を捜せばいい。……(略)……

ロビンは淡々とした口調で、スポンサーが「やめたら、別のホストを捜せばいい」という。やや「事務的」なことばには、やめることを残念がる意識も咎める意識もない。スポンサーを派遣する側が、スポンサーをけっして特殊な重い責任のある支援活動とはとらえず、誰でもできるボランティアと考え採用しているようだ。ボランティアに対する組織側のおおらかさ、許容度の高さが分かる。

実際、ロビンは毎週のように入ってくる難民家族に大きな苦労もなく年間七〇〜八〇家族のスポンサーをマッチングをしていたのだ。誰でも支援に参加させる組織の開放性が、ボランティア活動への気軽な参加(そして気軽な辞退)を作っていると思われる。

●セーラのケース

セーラは一九九〇年に自ら難民センターのボランティアとして、難民家族の「チューター」となった。チューターの役割は、担当する難民家庭を定期的に訪れ、英語を教えながら、日常的な世話をすることであった。セーラはチューターを半年経験した後、今度はチューターを募集し、養成・派遣をするコーディネーター職の専門スタッフとなり、九一年から九五年まで難民センターで働いた。彼女のコーディネーターとしての経験も、開放性という組織文化がアメリカのＮＰＯに存在していることをよく示している(インタビュー：二〇〇二年一二月五日)。

野津「難民センターでは当時、どのくらいの人がボランティアとなったのか」

セーラ「数百人の人がいたと思う。全部含めてのこと[注：職種の別、短期・長期の別を問わず]だけど。

野津「どんな人がボランティアになれるのか、ボランティアになるのは難しいのか」

セーラ「私たちは非常に寛大(ジェネラス)であった[注：笑いながら]。誰でも志願でき、誰でも受け入れた。履歴書を書いてもらい、面接する。それから研修を受けてもらう。面接は一人に三〇分くらい。……(略)……もちろん、特定の宗教を勧める人、精神障害のある人はだめ。誰でもなれるけど、一応、家庭に人を送るので、犯罪歴や性犯罪歴はチェックする。一カ月の募集期間があれば、二五人くらいがボランティアに志願し、ほとんどが採用された」

実際、「誰でも志願でき」、「誰でも受け入れる」という「寛大」な基準によって、年間数百人のボランティアが採用された。例えば、チューターをするボランティアは学生が多かったが、退役軍人、主婦、定年退職者など多様な人材が採用された。セーラによれば「ある人は八〇歳を越えていた。英語を教えるのは上手ではないけど、自分の経験を語ることはすごく上手だった」という。そして、チューターは通常一年間の活動を求められたが、「ほとんどの場合うまくいったと思う」とセーラは評価している。

セーラのことばから、難民ボランティアの役割を特別な専門的仕事でなく、ごく普通の人が支援可能な活動として捉えていることが分かる。また、八〇歳を越えたボランティアの例から、多様な人材の能力を積極的に評価し活用していることも分かる。難民支援のボランティアは、こうした受け入れ側の開放的な受け入れ姿勢によって、多様な能力を持つ人たちの参加が可能となっていたのだ。組織の開放性は、公私を含めた多元的な主体によるネットワークづくりのためにカギとなる組織文化の特徴と思われる。

おわりに

本章では、一九七五年からのオリンピアの難民支援の歴史を、実際に支援に関わった者たちの活動に焦点をおいて見てきた。また、四人の支援者へのインタビューを事例として、ボランティアに関わった個人意識やボランティアを受け入れた組織文化を示した。「開放性」という組織文化の特徴は、次章以降でも繰り返し触れることになるだろう。

本章で私はボランティア活動を促す個人意識について「自発性」と「親和性」という特徴を指摘した。もちろん、私の行ったこうした意識の分析には別の解釈も可能であろう。ベトナム戦争の「犠牲者」である難民に対して、アメリカ人が抱いた罪悪感や責任感が支援する人々の意識の根底にあり、その意識が人々をボランティアに駆り立てたのかもしれない。確かに、ベトナム戦争に対してはアメリカ国内を揺るがすほどの対立した意見があり、結果的に多くの報われない犠牲者を出した戦争だった。そうした、強烈な経験が、ボランティアを動機づけたという面は受け入れ初期には確かにあっただろう。しかし、本章で見たように九〇年代に入っても難民センターでは多くの人たちがボランティアが参加していた。その多くは学生ボランティアだった。彼らは生々しいベトナム戦争への当事者としての記憶はない世代である。

また、教会でのスポンサーは信仰活動の一環であり、ボランティア意識の一般的特性とはいえないという面もあるだろう。しかし、実際のスポンサーは教会メンバーだけでなく、一般市民を巻き込んでいた。本章で取り上げたボランティア意識は、もっと広いアメリカ社会の歴史伝統やボランティア参加を促す制度構造ともつながっているように見える。次章以降で、さらに考察を深めたい。

［注］

1 野村達朗『「民族」で読むアメリカ』(講談社現代新書、一九九二年)。

2 本間浩『難民問題とは何か』(岩波新書、一九九〇年)、小泉康一『難民とは何か』(三一書房、一九九八年)、ＵＮＨＣＲ『世界難民白書』(読売新聞社、各年度版)。Carl L Bankson and Min Zhou, "Displacement: Leaving Vietnam and Arriving in America." Straddling Two Social Worlds: Displacement, June, 2000. Statistical Yearbook of the Immigration and Naturalization Service (http://www.migrationinformation.org/feature/display.cfm?ID=54)

3 Southeast Asia Resource Action Center (SEARAC) のホームページ (www.searac.org) 参照。Americans from Cambodia, Laos and Vietnam Statistics, 2003.

4 Lealie H. Romer, A Qualitative Evaluation of Indochinese Refugee Programs in Thurston County, (Master's thesis, Evergreen

Unversity) 1982.

5 明石紀雄、飯野正子『エスニック・アメリカ 多民族国家における統合の現実』(有斐閣、一九九七年)。

6 ロバート・ベラー他(島薗進、中村圭志翻訳)『心の習慣―アメリカ個人主義のゆくえ』(みすず書房、一九九一年)。

7 森孝一『宗教からよむ「アメリカ」』(講談社、一九九六年)。ハロラン芙美子『アメリカ精神の源―「神のもとにあるこの国」』(中央公論新書、一九九八年)。

8 INDEPENDENT SECTOR, Survey Measures the Everyday Generosity of Americans Giving and Volunteering in the United States 2001 (http://www.independentsector.org/programs/research/gv01main.html)

9 Volunteering in America: State Trends and Rankings: 2002-2005, Corporation for National and Community Service, (http://www.nationalservice.org/)(二〇〇七年三月二〇日現在)

10 ワシントン州のボラーグについては次のホームページを参照(二〇〇七年三月一日現在)。http://www1.dshs.wa.gov/esa/eazmanual/Sections/Refugee_App1.htm. ワシントン州のボラーグで、次の二団体は難民青少年の支援を活発に行っている。The Lutheran Immigration Refugee Services (LIRS : http://www.lirs.org/), The United States Catholic Conference (USCC: http://www.usccb.org/mrs/).

11 次の文献は、インドシナ難民に対するアメリカ社会の個人的支援活動の活発さを指摘している。Hiarayama, K., Hirayama H. & kuroi, Y. *Southeast Asian Refugee Resettlements in Japan and the USA*, Internatuinal Social work vol.38, pp.165-176.

12 本章のオリンピアにおける難民支援の歴史記述は、主にインタビュー調査と以下の文献による。Lealie H. Romer, A Qualitative Evaluation of Indochinese Refugee Programs in Thurston County, (Master's thesis, Evergreen Unversity) 1982. Brice Atkinson, Indochinese Refugees in Washington, Washington State Employment and Training Council, State Report, Washington State Employment Security Departmant, 1980?

13　本間浩『難民問題とは何か』(岩波新書、一九九〇年)。

ベトナム・コミュニティの新年祭でお年玉を配るベトナム人のお年寄りたち

第二章　小学校における学習支援者たち

アメリカの学校では、補助教員、カウンセラー、さらにボランティアなど正規教員以外のさまざまな人材が教育活動に参加している。恒吉やシマムラは、アメリカの学校スタッフが日本の学校のような均質な集団ではなく、専門分業化が進み、特定の資格を取った多様な「スペシャリスト」が雇用されていることを指摘している。[1] こうした分業制が、外部者の参加促進の背景にあることはまちがいない。

オリンピアでも同じ傾向が見られる。オリンピア学校区の資料によれば、正規教員数は四五一人（幼稚園から高校までの合計）であるが、補助教員が一〇八人もいる。市内の学校教師の四人から五人に一人が補助教員ということになる。また、非常に多くのボランティアが学校活動に参加している。同学校区のホームページによれば、オリンピア市内で年間三二〇〇人以上のボランティアが一〇万時間をボランティア活動に費やしているという[2]。

この章では、このような多様な人材がいかにニューカマー児童の学習支援に参加しているかを見ていきたい。以下では、私が調査したオリンピアで最もベトナム系児童が多いG小学校を事例にして、補助教員やボランティアによるニューカマーへの学習支援の実態を明らかにした後、そうした外部者の参加を促す要因を多面的に検討したい。

1　G小学校の概要

G小学校はオリンピア市の西部に位置し、調査当時四二九名の児童が学んでいた。ベトナム系住民が多数居住する集合住宅地域を校区に抱え、さらに韓国、カンボジア、フィリピン系住民も学区には増えている。こうした社会環境のため、同小学校の児童民族構成は他の小学校とは大きく異なっている。**表1**と**図1**に示したように、同小学校の民族構成は、白人の占める割合が六九％で、他の学校に比べ最も少ない。逆に同校はアジア人が一九％で白人に継ぐ集団を構成している。さらに、表1の「給食費減免児童の割合」欄から分かるように、四二・七％もの児童が給食費の減免措置を受けている。これもオリンピアで二番目に高い比率である。したがって、同小学校の特徴を簡単にいえば、『アジア系が多くかつ低

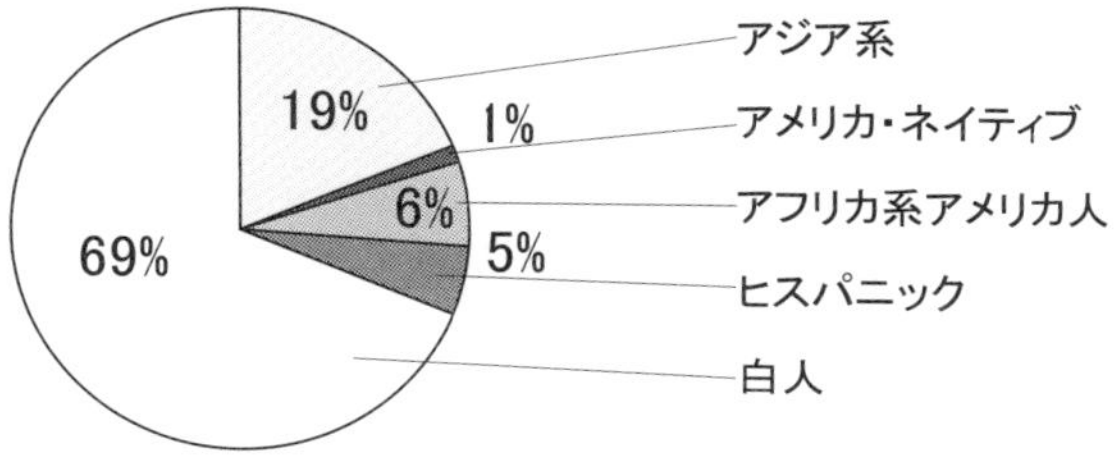

図1　G小学校の民族構成

表1　オリンピア市内小学校の構成

	白人比率	給食費減免児童の比率
G小学校	69.0%	42.7%
Ｈａ小学校	70.0%	33.1%
Ｍｃ小学校	78.0%	21.6%
Ｍａ小学校	79.0%	57.0%
Ｒｏ小学校	79.0%	34.9%
Ｍｃ小学校	83.0%	34.0%
Ｃｅ小学校	84.0%	5.5%
Ｌｅ小学校	84.0%	11.0%
Ｌｉ小学校	88.0%	15.5%
Ｐｉ小学校	89.0%	9.0%
Ｂｏ小学校	92.0%	12.4%

所得階層の家庭が多い学校』といってよいだろう。

しかし、アジア系児童が多く、低所得階層にあるという重なりあう二つの要因は、逆にG小学校の教育を、他の市内小学校にはないユニークなものにしてきた。同小学校の前校長は、前章でも取り上げたリチャード校長である。一九七五年から一九九一年まで在職し、多数の難民児童を受け入れた経験の持ち主である。現校長ワトソンは、前校長の実践を受け継ぎ、現在まで民族的マイノリティのためのさまざまな学習支援活動を継続している。彼も着任以降、非白人保護者との対話の中から異文化を学び、マイノリティのための学校作りを模索してきた。校内には、英語、スペイン語、ベトナム語の表記によって各部屋の名前が掲げてある。学校環境にできるだけ多文化的要素を取り入れたいという彼の発案によるものである。現校長は「この学校では七カ国ぐらいの言葉が飛び交っている。多様性があるからこそ、この学校には活力がある。こんな学校はオリンピアにはほかにない」と自負している。

表2　G小学校の人員構成

教　員		教員以外のスタッフ	
校長	1名	補助教員	20名
プレスクール教員	1名	障害児補助指導員(O.T.)	2名
幼稚園教員	2名	養護(看護師)	1名
1学年担当教員	4名	図書館司書	1名
2学年担当教員	4名	プレスクール補助員(EACAP)	1名
3学年担当教員	4名	カウンセラーなど	2名
4学年担当教員	4名	技術者(コンピュータ管理)	2名
5学年担当教員	3名	その他補助(用務、清掃、給食など)	4名
体育教師	1名	秘書	1名
ESL教員	2名		
特殊教育担当教員	3名		
合　計	29名	合　計	39名

同小学校の人員構成を**表2**に示した。正規の教員数は校長を含め全部で二九名だが、表2右欄の「教員以外のスタッフ」は三九名もいる。学校活動が多くの支援スタッフによって担われていることがわかる。とくに「補助教員」二〇名の比重が大きい。さらに、この表2には記載されていないが、多くのボランティアが学習支援を行っている。

2　支援スタッフの多様な役割

次の**図2**は同小学校の一日の中で、支援スタッフたちがどのような学校活動に参加しているのかを表したものである。図の灰色の部分は学習活動に当たる部分、白抜きの部分は学習活動以外の部分を示している。これを見ると、早朝の児童保育から放課後まですべての活動に支援スタッフが参加していることが分かる。まず、図2に従い、小学校の一日の中でボランティア・スタッフがどう活動しているかを大まかに見てみる。

(1)　始業前

G小学校の朝は、早朝保育から始まる。まだ薄暗い朝七時には親の車に乗せられて児童たちがやってくる。早朝保育は、地元NPOのYMCAに依託されており、YMCAのスタッフと補助教員が指導している。子どもたちは体育館やカフェテリアで自由に勉強したり、遊んだりする。その後、朝食ぬきで学校へ来た子どもたちは、カフェテリアに集まり「朝給食」を食べる。朝給食の指導も、補助教員と保護者ボランティアが行っている。

早朝児童保育の時間と並行して、始業前リーディング・プログラムが実施されている。これは、読書能力の遅れた子どもやESLクラス（英語学習クラス）[3]の子どもを対象にした「補習授業」である。家庭で英語を使用しないため英語使用能力に困難があるニューカマー児童には特に参加が奨励されている。このリーディング・プログラムでは、正規教師一名が責任者となり、補助教員二名とボランティア二名が指導に当たっている。児童は能力別に五人程度のグループを編成し、毎日三〇名

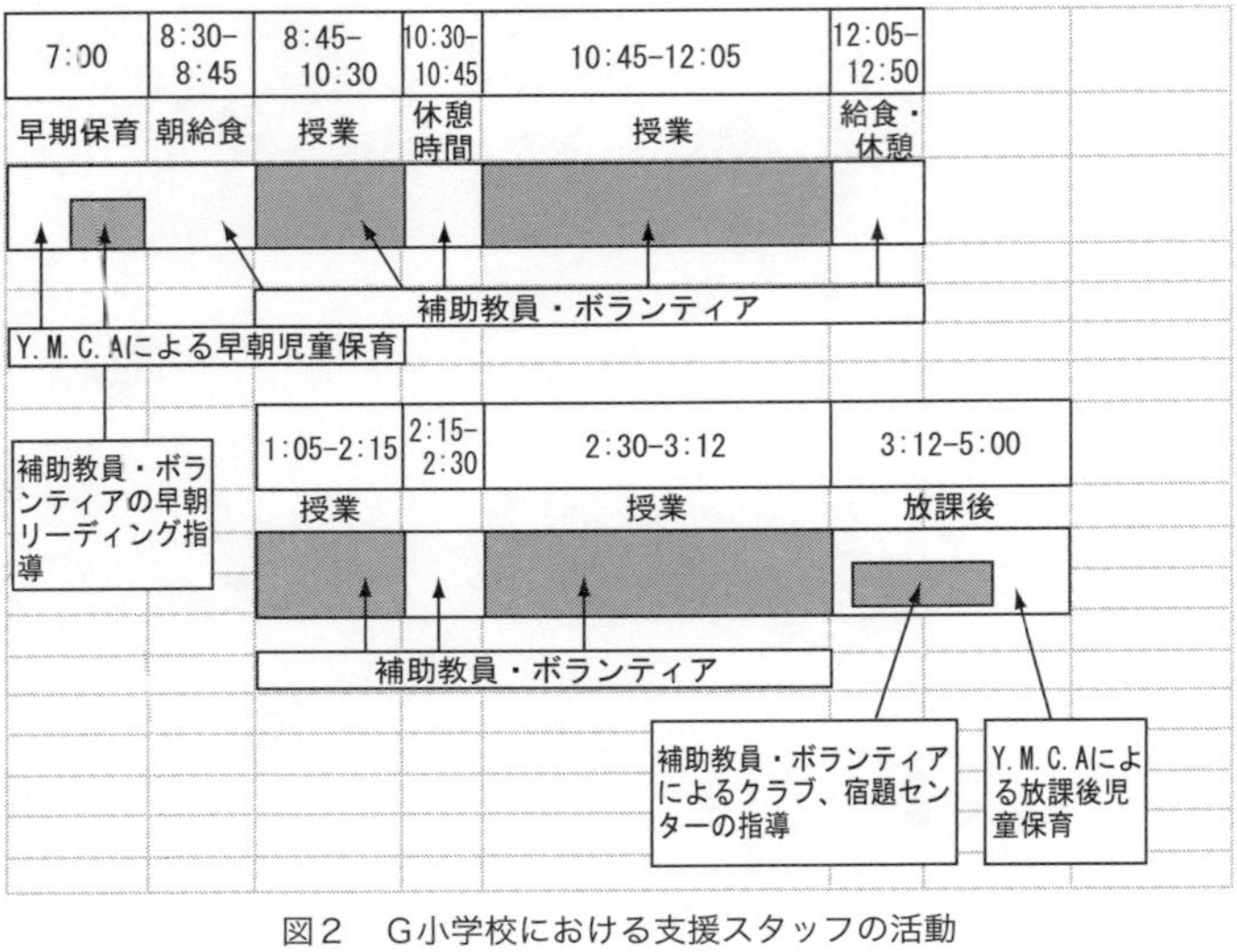

図２　G小学校における支援スタッフの活動

以上の児童が参加している。参加児童の約半数はアジア系児童である。

(2) 授業開始後

朝食の終了後は、学校が最も忙しい時間である。事務室には教員と共に親やボランティアたちが立ち替わり入り、打ち合わせをしたり、教材や資料プリントを印刷している。そのため、誰が教師で誰が「外部者」なのかよくわからないほど出入りが激しい。

授業が始まると、補助教員や保護者ボランティアは、担任教員と共に各クラスに入り学習指導に参加する。特に低学年クラスの算数やリーディングの時間中は、正規の教員以外に、補助教員やボランティアが理解の劣る子どもの隣に座り、マンツーマンで指導している光景をよく見る。授業間の休憩時間に屋外校庭で遊ぶ子どもの監督も、やはり保護者ボランティアが行う。

(3) 放課後活動

放課後は、大きく二組のプログラムがある。一組はYMCAによる放課後児童保育のプログラムである。YMCAからは毎日三名の指導スタッフが来校し、子どもたちに学習や体操を指導している。もう一組のプログラムは、課外活動プログラムで、「クラブ活動」と「宿題センター」から構成されている。「クラブ活動」は、手芸、園芸、外国語、音楽、料理、スペイン語などが親や地域のボランティアによって実施されている。「宿題センター」は、当日の宿題や自由学習を学校で行うためのプログラムで、ここにもボランティアが参加していた。

以上に見たように、G小学校では早朝から放課後までほとんどすべての活動にボランティアが参加している。正規の教員だけで実施されている教育活動はほとんどないといってもよい。多様な支援スタッフと正規教員による共同指導と役割分担が常態となっている。次の節では、同小学校の誇るユニークなプログラムである放課後活動を事例にして、ボランティアがいかにニューカマーの教育支援に関わっているのかを、やや詳しく見てみたい。

3　課外活動プログラム

G小学校で課外活動プログラムが始まったのは一九九六年である。開設のいきさつをプログラム推進役のESL教師は次のように記している。[4]

当時、G小学校ではEビレッジ[注：ベトナム系住民の集住地]から来ている子どもたちが宿題をしてこないことに頭を悩ましていた。子どもにその理由を聞くと「宿題を見てくれる人が家に誰もいないから宿題ができない」という。Eビレッジの親たちは、父親は工場、土木・建設業、造園業など、母親は食堂勤務などで非常に忙しく働いている。早朝から深夜まで仕事をするため、子どもたちは放任されている。とても宿題を見る余裕はない。また、英語の読み書きも充分できないため、見てやりたくてもできない。家庭は経済的ゆとりもなく、子どもは腹を空かせている。そこで、宿題センターを設置し、放課後の子どもの居場所づくりをしようと考えた。

オリンピアの小学校の中には、高級住宅地に位置し、生徒のほとんどを白人中産階級が占めるところもある。それらの学校では、授業後の課外活動を学校はいっさい提供せず、多くの家庭がそれぞれ民間のスポーツ施設や音楽教師の個人レッスンなどを熱心に利用し、子どもの教育に力を注いでいる。しかし、この章の最初に述べたように、給食費減免家庭が四割を越えるG小学校の親たちには、高額な民間施設や個人レッスンの利用は困難である。同小学校の放課後プログラムは、貧困家庭の児童へ有益な課外活動を無料で提供しようとする学校の模索から生み出されたものである。

(1)　課外活動のボランティアたち

図3は、ある日の課外活動にいかなる支援スタッフが参加していたかを示した図である。課外活動には「クラフト」「園芸」「ビーズ工作」「スペイン語」など、さまざまなクラブ活動と、図3の中心に描かれた

「宿題センター」から構成されている。

図3の外周に示したように、指導スタッフは主に補助教員とボランティアで構成されている。しかし、一言でボランティアといっても、実際には「保護者」「シニア」「コミュニティ」と異なるグループのボランティアが、それぞれ異なるルートから参加している。さらに「高校生」「大学生」なども参加している。したがって、放課後活動にはさまざまな立場の異なる人々が多様な関わり方をしているのである。以下では、私のフィールドノーツを参照しながら、宿題センターの特徴を詳しく見てみたい。

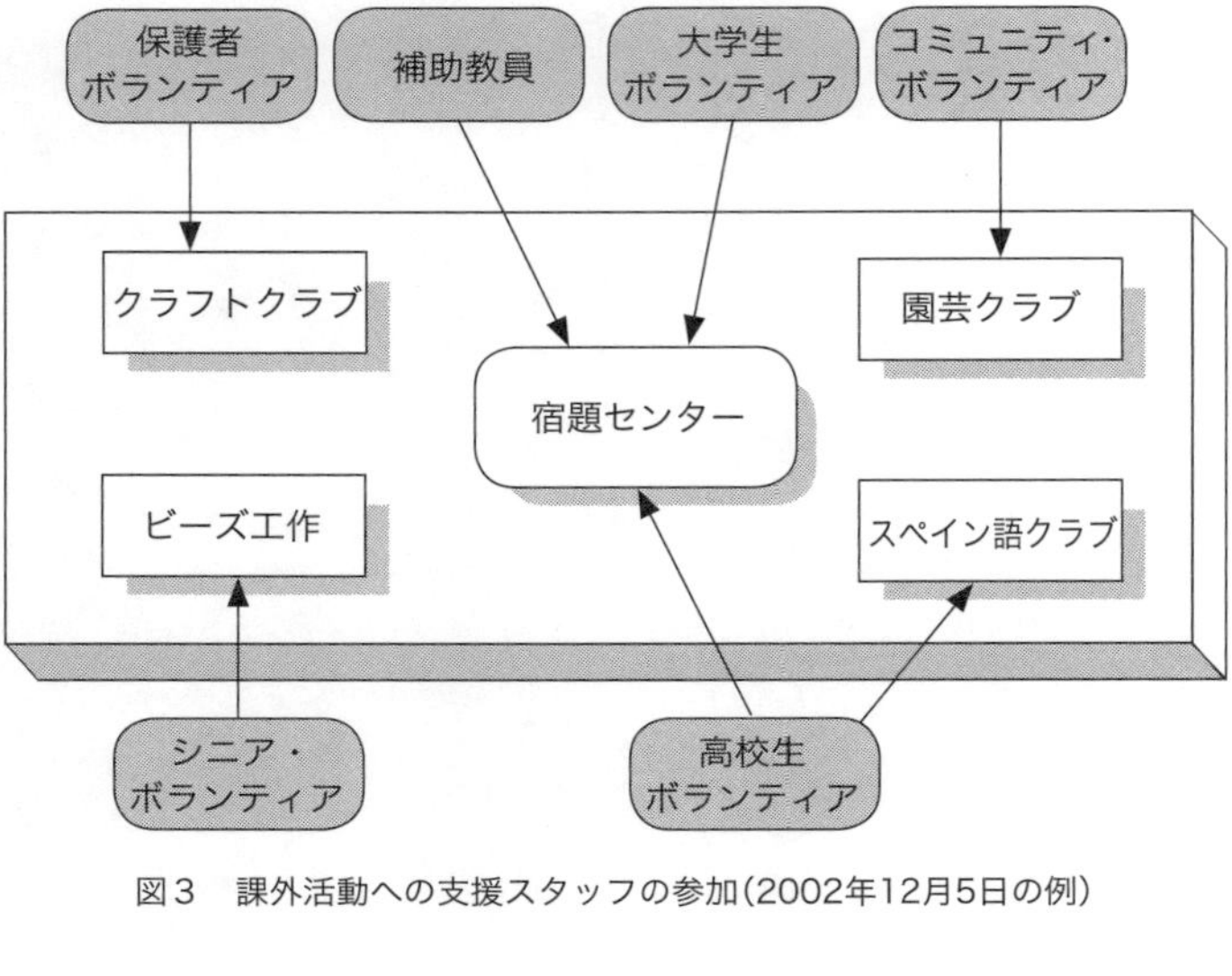

図3　課外活動への支援スタッフの参加（2002年12月5日の例）

(2) 宿題センターの活動(二〇〇二年一二月五日の例)

この日は放課後になると、三〇名の子どもたちが宿題センターの開かれる図書室に集まってきた。顔立ちから判断すると、アジア系一三人、白人一三人、その他(ヒスパニック、黒人など)が四人であった。私が定期的に訪問しているベトナム系居住区(エバーグリン・ビレッジ)のベトナム系児童四名も参加し、「球形のものを探す」という算数の宿題に取り組んでいた。

部屋には小テーブルがいくつも配置されている。子どもたちは、三、四人が同じテーブルに座り、自分の宿題をする。質問があれば、静かに手を挙げて指導者に質問の合図をする。指導者は質問がある子どもの脇に寄っていき隣に座り、質問に答え、一緒に考える。

宿題センターの指導者は、図3からも分かるように、大きく三つのグループから構成されている。まず、補助教員が三名いる。彼女らは、授業時間中は、通常のクラス学習の補助を担当しているが、宿題センターでは指導の中心となっている。着席の指示、宿題や質問への対応をし、さらに出席確認、中途のおやつ配布、ざわついている子どもへの注意、ボランティアへの指示、そして終了後のスクールバスへの移動などの責任を三人が分担している。

次に、大学生ボランティアが三名参加している。彼らは地元エバーグリン大学の教員資格取得用の授業科目の中で「フィールド体験」が必須課題となっているため、この授業の一環として放課後活動に参加している。この「フィールド体験」では、一週間に一回、合計一〇回の学校現場の活動に参加が求められ、各学生は市内のさまざまな学校の出向いてボランティアをしている。

なお、エバーグリン大学からは、年間を通して常に教育実習、体験学習や多くのボランティア活動のため学生が市内のあらゆる小・中・高校に出入りしており、大学と小・中・高校の日常的な連携が伺える。最後の支援者グループは三名の高校生たちである。この三名の高校生から興味深いアメリカのボランティアの実態を知ることができる。一名の女子生徒は「正規のボランティア」だ。彼女は高校授業で『コミュニティ・サービス』を受講している。したがって、彼らも大学生同様に授業の一環としてボランティアに参加している。他の二名(ベトナム系高校生)は「飛び入りボランティア」である。たまたま「暇だった」のでボランティアに来たという。ボランティアが高校生の間で日常化していることが分かる事実である。

このように多くのさまざまな人材の参加によって宿題センターは成り立っている。私は宿題センターの活動を二カ月間、毎週一回程度観察したが、平均すると毎日約三〇名の児童参加があった。その内の約三分の一はアジア系の児童であった。指導者の構成は常に参加している三名の補助教員以外は流動的だったが、大学生と高校生ボランティアは、それぞれ最低一名から四名までの人数をいつも見ることができた。

(3)　高校生ボランティアの役割

宿題センターは参加する児童、特に家庭学習が困難な児童に対して、確かに有益な学習の場を提供していると思われる。多くのボランティアを配置することで、補助教員たちは、たえず全体の子どもの様子に気を配ることができる。ふざけている子どもは必ず注意されるため、私が宿題センターを観察したときはいつも子どもたちはまじめに宿題に取り組んでいた。また、多数の指導者がいるため、子どもに対する個別的指導が可能となっている。

大学生ボランティアたちの指導ぶりも、概して熱心だった。大学生たちは英語のリーディングや算数を教えるための教材を前もって用意し、教材も児童の興味を引くようにイラストを付けた手作りのものを持参していた。教え方も非常に丁寧で、小型ホワイトボードを使い、絵を描き、ジェスチャーを加えて、繰り返し説明する学生もいた。

しかし、ベトナム系ニューカマー児童に注目して観察すると、彼らの学習支援に最も効果的な活動していたのは高校生ボランティアたちだった。特に、時々何の予告もなく突然参加するベトナム系高校生の「飛び入りボランティア」の熱心な指導ぶりに何度も接した。

ベトナム系高校生たちはベトナム系児童と同じEビレッジの住人であり、日頃から顔見知りの間柄である。ある高校生は、宿題センター終了時間となり、児童たちが下校のスクールバスに乗るため、廊下を移動している間も、ベトナム系児童と一緒に歩きながら、さっきまでやりかけていた算数の解法について熱心に説明を続けていた。とりわけ、まだ渡米したばかりのベトナム系ニューカマー児童にとっては、難しい英語をベトナム語で説明し教えることができる高校生は何よりも有益な学習支援者になっていると思われる。

4　ボランティアの参加を促す要因

Ｇ小学校のインターネット・ホームページには、「Ｇ小学校は、児童、家庭、そして地域のボランティア活動を推進していることを誇りとしています。……保護者や地域のボランティアを歓迎しています」と記述されている。また、Ｇ小学校ではボランティアに関する掲示を玄関の一番目立つところに大きく掲げ、ボランティアの参加を常に呼びかけている。そこには、ボランティアが活動した時間数のグラフやボランティアたちの写真が貼ってある。先に述べたように「高校生」「大学生」から「保護者」「シニア」「コミュニティ」といったさまざまな外部者が恒常的に参入しており、ボランティアは学校活動に不可欠の構成要素となっている。

では、こうした大量の外部ボランティアの参加を可能としている要因は何であろうか。ここでは、学校の組織内要因として「校長のリーダーシップ」、マクロ要因として「ボランティア文化」「ボランティア参加制度」という三つの側面から考えてみたい。

(1)　校長のリーダーシップ

学校へのボランティア参加を促す第一の要因としては、何よりもG小学校歴代二名の校長のリーダーシップを指摘する必要がある。二名の校長は、外部者の参入を積極的に推進することで同小学校の多文化教育を推進しようとしてきた。すでに前章でも述べたように、G小学校前校長は、オリンピアにはじめてインドシナ難民児童が大量に流入したときに、その受け入れの陣頭指揮にあたった校長である。前校長はＥＳＬ教員や補助教員に難民出身者を積極的に採用し、それまではさほど活発ではなかったボランティアを学校活動に参入させていった。

現校長も同様に外部者参入の推進者である。現校長は、私と話すときにはいつも『多様性の祝祭：Celebration of Diversity』という言葉を使った。「この学校の理念は、『多様性の祝祭』です。多様な人が教育に参加し、子どもが多様な経験をすることで教育が発展すると考えています。多様であることを喜びと考えています」という。まさに、多文化教育の理念の体現者である。

現校長は、八年前に着任して以来、多文化教育実現のための学校作りに取り組んできた。現校長はたびたびベトナム系保護者や住民指導者と会合を持ち、彼らの生活状況や学校への期待を学んできた。英語が分からなくても親が学校に気軽に来れるようにと、フォーマルな個人面接型の保護者面談をやめ、バーベキュー・パーティや音楽会などの催しを増やし、保護者とのコミュニケーションを図ろうとしたのも現校長の発案である。現校長は次のようにボランティアの有用性を強調している。

確かにオリンピアの学校でもボランティアの受け入れを嫌う学校もある。けれども、この学校は、学生、高校生のボランティアを受け入れることで、学習プログラムの多様化が可能になると考えている。だから、大学生や高校生がボランティアに来てくれるのは歓迎だ。ボランティアが来ることで、児童には大きなお兄さん姉さんができたようなもので、いつもとは違った体験ができる。同時にボランティアも社会の現実を勉強するよい機会となる。どちらの側にもよいことだ。

現校長は児童とボランティア双方が異質なものと出会うことによって、双方への有益な経験となると述べている。校長のことばから、長年ボランティアを受け入れてきた経験が伺える。

また、現校長の「ボランティアの受け入れを嫌う学校もある」ということばから、G小学校のボランティア参加の例が、けっして普遍的な学校文化ではないことが分かる。実際、私が観察した例では、非常に少数のボランティアを事務補助的な役割にのみ参加させている学校もあった。他の学校での校長へのインタビューや観察から分かったことは、外部ボランティアの活用は、必ずしもすべての人が賛同しているわけではなく、ボランティア参加への抵抗も多いという事実であった。従って「ボランティア文化の浸透」という一面だけで、ボランティア参加の要因を説明することはできない。たとえば、次のようないかにも日本の学校でも生じることが予想できそうな問題がG小学校でも生じていた。

G小学校では、放課後活動を含めさまざまな学校活動に、大学生ボランティアが恒常的に参加している。そのため、校長によれば、受け入れの初期には、大学生の服装が「適切でない」と親や他の教員から厳しい苦情がでる場合があったという。確かに私が観察した場面でも、パンク調のけばけばしい化粧や髪型、大きく肌を露出した服装、さらに〝鼻輪〟や〝入れ墨〟をしている大学生のファッションが目立った。日本の小学校ボランティアの基準からすると、明らかに「度の過ぎた」「不適切な」ファッションである。しかし、校長は、「そうした苦情があっても、ファッションはさほど重要な問題ではない」と大らかに受けとめ、苦情に対処したという。時間の経過と共に、大学生の参加態度のまじめさ、熱心さが分かり、苦情も次第に減っていったという。校長は「前には気になったが、今は誰も気にしていないようだ。保護者でも入れ墨をしている。子どもは大人ほど気にしてないように見える」といい、大らかに受け止めている。大学生ボランティアの参入を促した要因には、校長の柔軟なリーダーシップがあったという経緯が分かる。

さらに、補助教員の採用と多面的活用からも、現校長による「外部者の積極的活用」のためのリーダーシップが伺える。法制度上、G小学校に働く補助教員は、初等中等教育法[5](Elementary and Secondary Education Act)のTitle 1：タイトル・ワンと呼ばれる条項に規定された児童生徒を援助するスタッフである。タイトル・ワンは、教育上の不利益を生ずるおそれのある障害児、貧困家庭の子、英語能力の劣った子、リーディング能力の劣った児童、移民児童、虐待を受けた児童などに学習上の援助を与えることを規定している。[6] そして、これらのカテゴリーに属する子どもを指導するための補助教員雇用予算は、正規教員とは別に連邦から配分されることが規定されている。G小学校では、このタイトル・ワン規定を活用し、早朝リーディングや放課後宿題センターの運営のために補助教員を採用し活用している。現校長は、煩雑な申請手続きをいとわず補助教員を採用し、マイノリティの教育支援を推進した。

現校長によれば、補助教員の授業参加についても、ボランティアの参加と同じように、伝統的なクラス担任教員一名による教科指導を支持する教員たちの反対も当初はあったというが、対話と経験の積み重ねからしだいに共同授業形式が「日常化」していったという。

こうした歴代二人の校長のニューカマー教育への深い理解と積極的なリーダーシップによって外部者の参入が促されてきたといえよう。

(2)　ボランティア文化

次に指摘できることは、G小学校にはボランティアの「日常化」が見られ、学校側もボランティア側も、ボランティア参加をごく自然のことと受け止め、特別なこととして認識していないという事実である。つまり、ボランティア文化というアメリカ社会に存在する特性が学校の組織の中に浸透しているのである。以下ではG小学校に見られるボランティア文化の一端を、課外活動場面の観察から見てみる。

(a)　挨拶だけでボランティア

学校活動に参加する正規のボランティアは、あらかじめ登録され、ボランティアのワッペンを胸に付けている。しかし、ボランティアは正規ボランティアだけでなく、「飛び入りボランティア」も少なくない。先に述べたようにG小学校の課外活動には、学校に登録されている「正規ボランティア」以外に、高校生の飛び入りボランティアがたびたび参加していた。ある日の飛び入りボランティアが参加した場面は、次のように興味深いものだった。

ベトナム人高校生二名が「宿題センター」が開催されている図書室に入ってきた。まず、二人は担当補助教員に近づき、ごく当たり前のように「今日は時間があるので、二人で一緒に寄ってみた。ボランティアがしたい」と申し出た。教員は「ＯＫ、大変結構！」と言って、参加を許可した。担当補助教員は部屋にいる子どもたちに向かって「みなさん、今日はこの高校生がボランティアとして参加しますよ。この高校生たちはきわめて優秀なボランティアですよ」と冗談交じりに紹介した。それと同時に、このベトナム人高校生二名はさっと自然に児童のグループに入っていった。

ごく簡単なあいさつだけでボランティアになれるのである。ボランティアが決して敷居の高い行為ではないことを示している。

また、ボランティアと接する児童たちも、新しいボランティアの参加に特別な注意を向けない。彼らはそれを当たり前として受け止めている。ボランティアの参加がＧ小学校では日常化している実態を示している。

さらに、受け入れる側である教員たちとボランティアとのやりとりを観察すると、ボランティアに対して特別扱いをしていないことが分かる。「外部の客」と接するようなよそよそしい態度も形式張った対応もなく、ごく自然に参加させている。たとえば、放課後活動の時間が終了となり、ボランティアが帰るときも補助教員たちは「さようなら。また来てね」というだけで堅苦しい挨拶はない。

校長もボランティアに対して、特別扱いをしない。校長は学校でボランティアに接するとき、もちろん会話はするが、形式的な「お客への挨拶」ではない。ボランティアに対して慇懃な「感謝のことば」も決して言わない。ただ、にこにこと様子を伺ったり世間話をしたりするだけである。双方が、当たり前のことを淡々とやっているという雰囲気である。「ボランティアの日常化」がこうした雰囲気を作り出しているといえよう。

(b) 休講は当たり前

私は繰り返し放課後活動を観察している過程で、もう一つ興味深いことに気がついた。それは、放課後活動は、ボランティアたちの欠席により頻繁に内容が変更となることである。しかし、不測の事態があっても補助教員たちはあわてず困った顔もせず、ごく当たり前のように内容を変更していた。例えば、ボランティアが来ないクラブの児童は、宿題センターに集められ、その日はクラブ活動をしないで宿題に取り組むのである。

こうした事実は、ある面ではボランティアたちの責任感の欠如と見なすことができる。しかし、逆にボランティアが高い責任を要求される活動ではないこと、つまり突然の休講を許容される程度の拘束力しかもたない行為であることを、ボランティアをする側と受け入れる側の双方があらかじめ了解しているとも考えられる。ボランティアの欠席は、ボランティア文化が浸透したアメリカの学校の現実を別の面からよく示しているように思われる。

(3) ボランティア参加を促す制度

最後に、ボランティアの参入を促す構造的要因として、「制度」の存在を指摘したい。今述べた初等中等教育法による補助教員採用制度もその一つである。ここでは高校生のボランティア参加を促す「サービス・ラーニング制度」についてやや詳しく述べたい。

G小学校には、今まで見たような放課後活動だけでなく、図書館ボランティアや早朝リーディングにも高校生ボランティアが参加している。これらは、サービス・ラーニング制度を活用したボランティアの参入である。サービス・ラーニング制度は以下の年表のように進展してきた。

サービス・ラーニング制度関連年表

一九六一年　平和部隊創設
一九六四年　経済機会法(Economic Opportunity Act of 1964)成立
　　　　　　ビスタ・ボランティア創設
一九九〇年　国家・コミュニティサービス法(National and Community Service Act)成立
一九九三年　国家・コミュニティサービ基金法(National and Community Service Trust Act)成立

サービス・ラーニングは、一九六一年にケネディ大統領が提唱した平和部隊(Peace Corps)に起源を持つといわれる。平和部隊は、アメリカの青年を発展途上国に派遣し、その国の開発に携わるボランティアを行うための国家プロジェクトであった。平和部隊の創設以降、連邦政府は次のようなプログラムを設け、いっそうの青少年によるボランティア振興政策を展開した。[7]

まず、一九六四年に経済機会法(Economic Opportunity Act of 1964)に基づき、平和部隊の国内版として、青年が国内の貧困者へボランティア活動を行うビスタ・ボランティア(VISTA; Volunteers in Service to America)というプログラムが創設された。一九七三年には国内ボランティア・サービス法(Domestic Volunteer Service Act)が制定され、企業に対してボランティア活動を行ったものを採用する際に活動経験を評価するよう促す規定がされた。

さらに、一九九〇年代には国家およびコミュニティ・サービス法(National and Community Service Act, 1990)および国家およびコミュニティ・サービス依託法(National and Community Service Trust Act, 1993)が成立し、全米的なボランティア活動推進のための連邦援助制度が確立した。この二つの法は、全米の青少年のボランティア参加を促進し、さらに学校がボランティア活動を行うための総合的な振興援助策を網羅したものである。この二法の成立により、連邦政府がボランティア活動を行う学校に対して財源補助を行うことが保証された。先のビスタ・ボランティアは、他の連邦主導のボランティア・プログラムに統合され、アメリコープ・ボランティアとして再編された。[8] また、この法により、ボランティア実施団体や教育機関への助成を担当し、全米のボランティア活動を振興する中央機関として、ＣＮＣＳ(Corporation for National and Community Service)が一九九三年に設置された。ＣＮＣＳは、現在三〇〇人のスタッフを抱える連邦のボランティア推進機関となっている。ＣＮＣＳのホームページには、全米のボランティア情報（研究、統計、助成金、事例、ボランティア募集）が詳しく掲載されている。[9]

こうした一九九〇年代からの連邦政府の包括的なボランティア振興政策は、重要なボランティア促進要因となっている。サービス・ラーニングは一九九〇年代に入り、急速な拡大を見せた。一九九九年に連邦教育省統計局が行った調査では、学校が実施するコミュニティへのサービス活動に子どもが参加している小・中・高校は、全公立学校の六四％にも上る。特に公立高校では八三％に達する。[10] 一九八四年調査では、高校でコミュニティへの何らかのサービス活動を実施していた学校は二七％、サービス・ラーニングを実施していた学校は九％に過ぎなかった。サービス・ラーニング制度の急速な定着が見られる。今やサービス・ラーニングは全米で幼稚園児から大学生まで実に年間数百万人以上の人が参加する巨大な「全米ボランティア・プロジェクト」となっている。

サービス・ラーニングでは、ボランティアを学校カリキュラムの一環として明確に位置づけ、何らかの教科学習として実施される。そして「学習達成」は評価され、教科の単位として認定される。その具体例をＧ小学校でもボランティア活動をする高校生の場合に見てみよう。

例えば、放課後クラブ活動でスペイン語を教えるキャシーは、地元高校の三年生である。彼女は高校でスペイン語を受講している。高校で週四時間スペイン語授業を受ける内の一時間分がＧ小学校でスペイン語を小学生に教えることで代替される。彼女によれば、「小学校で教えるために、あらかじめ先生に指導案を見てもらい、毎週指導を受けている。一二〇時間ボランティアをすると、修了書（Diplomat）がもらえる。それは、大学の単位として使える。実社会の経験になるし、すごく楽しい」という。

私がG小学校で出会った高校生たちは、「飛び入りボランティア」を除いて、サービス・ラーニングやあるいは類似のプログラムとして小学生の学習支援に参入していた。高校生ボランティアを小学校に呼び込む制度としてサービス・ラーニングは大きな役割を果たしているといえよう。

おわりに

以上に述べたように、G小学校では、学校への多様なボランティア参入が可能となっており、外部者の参入に対して開放的な組織であった。その開放性は「校長のリーダーシップ」「ボランティア文化」「ボランティア参加を促す制度」という三つの要因が重なることによって可能となっていた。

この開放的な組織文化は、ニューカマーの子どもたちに対する多様な学習プログラムを提供するために、効果的に機能しているように見える。宿題センターで見たような組織だった個別指導や、ベトナム系児童に最もふさわしい同民族高校生によるバイリンガルの学習支援は、さまざまな背景を持つ学習支援者を恒常的に受け入れることによってはじめて可能となっているからである。オリンピアの学校で外部者参加によるニューカマー生徒支援がいかに効果的に行われているかは、次章の高校の事例でさらに詳しく述べる。

［注］

1　恒吉僚子『人間形成の日米比較―かくれたカリキュラム』(中公新書、一九九二年)。Simahara, N. and Sakai, A, Learning to Teach in Two Culture: Japan and the United States. NY, Garland Publishing, 1995. アメリカの学校での、地域住民のボランティアなど外部者の授業参加については、次の文献参照。横田啓子『アメリカの多文化教育―共生を育む学校と地域』(明石書店、一九九五年)。

2　http://kids.osd.wednet.edu/information/, http://www.ersys.com/usa/53/5351300/school.htm

3　アメリカでは英語能力が一定基準に満たないニューカマー生徒は、基準を越えるまでＥＳＬ(English as Second Language)クラスで集中的に英語学習をする。

4　Ｇ小学校のＥＳＬ担当教師によるオリンピア市ＥＳＬ教師連絡会議での発表資料(二〇〇三年)より。

5　Elementary and Secondary Education Act(ESEA)は、ジョンソン大統領によって一九六五年に成立した法律である。教育全般の改革と教育の平等を推進するために作られた最も包括的な法律である。同法は二〇〇二年一月に『教育改革法：No Child Left Behind Act of 2001』と呼ばれる法に改正された。教育改革法では、従来以上にマイノリティに対する教育援助が強化された。以下のホームページを参照。Natioanl Education Association(http://www.nea.org/esea/index.html)

6　タイトルワンについては、次のアメリカ連邦教育局ホームページ参照(http://www.ed.gov/policy/elsec/leg/esea02/pg1.html)

7　『社会奉仕活動の指導・実施方法に関する調査研究報告書』(日本総合研究所、二〇〇一年)。

8　アメリコープ(Corporation for National and Community Service: AmeriCorps)は「アメリコア」とも呼ばれる。

9 http://www.nationalservice.org/

10 National center for Education Statistics, Service-Learning and Community Service in K-12 Public Schools, September 1999, U.S. Department of Education, Office of Educational and Improvement.

G小学校授業風景。手前左端の女性は授業補助スタッフである。

第三章　高校のＥＳＬクラス支援者たち

この章では高校でのニューカマー生徒に対する支援者たちの活動を取り上げる。特にニューカマーたちが学ぶ英語学級(English as a Second Langage Class: 以下、ＥＳＬクラスと呼ぶ)での支援のあり方を中心に見ていきたい。アメリカではニューカマー生徒の英語学習を助け、また学校生活全般への適応を援助しているのは、ＥＳＬ担当教師だけでなく、さまざまな背景を持った支援者たちである。日本でも近年「日本語サポーター」と呼ばれる支援者たちが学校に入り、ニューカマー生徒の日本語指導や学校生活上の補助を行う機会が増えている。今後の日本語支援のあり方を考える上でも、アメリカのＥＳＬ学習支援者の活動は参考になると思われる。

オリンピアの高校では、ＴＡ（Teaching Assistant: 授業助手）、メンター（Mentor）あるいはチューターと呼ばれる同じ高校の生徒たちがニューカマー生徒の学習支援に加わっている。さらに、外部の大学生インターンやボランティアも授業に頻繁に参加している。そこで、本章では、高校生、大学生さらに社会人ボランティアなどＥＳＬ生徒の活動をサポートする人々を「ＥＳＬ補助者」と呼び、ＥＳＬ補助者の活動を具体的に記述した後、補助者たちの参加を促す要因について詳しく検討してみたい。

1　ＥＳＬクラスの現状

はじめに、ワシントン州のＥＳＬ生徒数の変化を述べておく。一九八五年に州内で一万四〇〇〇名がＥＳＬ教育を受けていた。それが二〇〇〇年には六万人を越えた。五倍以上の増加である。ＥＳＬ在籍者の地理的分布を見ると、同州の南東部にスペイン語使用者層、オリンピアを含む南西部にアジア・南太平洋言語使用層が急激に増加している。この二つの集団の子どもたちが州内のＥＳＬ教育の主な構成者となっている。[1]

一方、**図1**はオリンピア学校区におけるＥＳＬ在籍生徒数の推移を示している。全体的傾向を見ると、八〇年に一八〇名だった生徒数は九七―九八年に二三五名となり、ニューカマーの増加傾向が確認できる。とりわけ、九四―九五年からのＥＳＬ生徒の家庭言語を見ると、他言語を圧倒して家庭言語をベトナム語とする生徒数が多い。それだけベトナム系住民の流入が持続している事を示している。

オリンピア市及びその周辺地域では、「Ｃ高校」と「Ｎ高校」が主なＥＳＬ生徒の受け入れ先となっている。両校とも全校生徒数は一四〇〇～一五〇〇名である。

両校の民族比率を**表1**に示した。Ｃ高校は前章で紹介したＧ小学校に近い地理的位置にある。学区内にはベトナム系住民が多く居住する集合住宅地を抱えるため、白人八〇％についでアジア系生徒の割合が一一％と多い。

一方、Ｎ高校の学区は、オリンピア近郊で最も多民族化が進行している地域である。この学区は近年、多民族化が進んでいるため、同校のＥＳＬ生徒の出身国も、韓国、ベトナム、メキシコ、南太平洋（マーシャル諸島、フィージーなど）、ロシアなどさまざまである。さらに、ソマリア

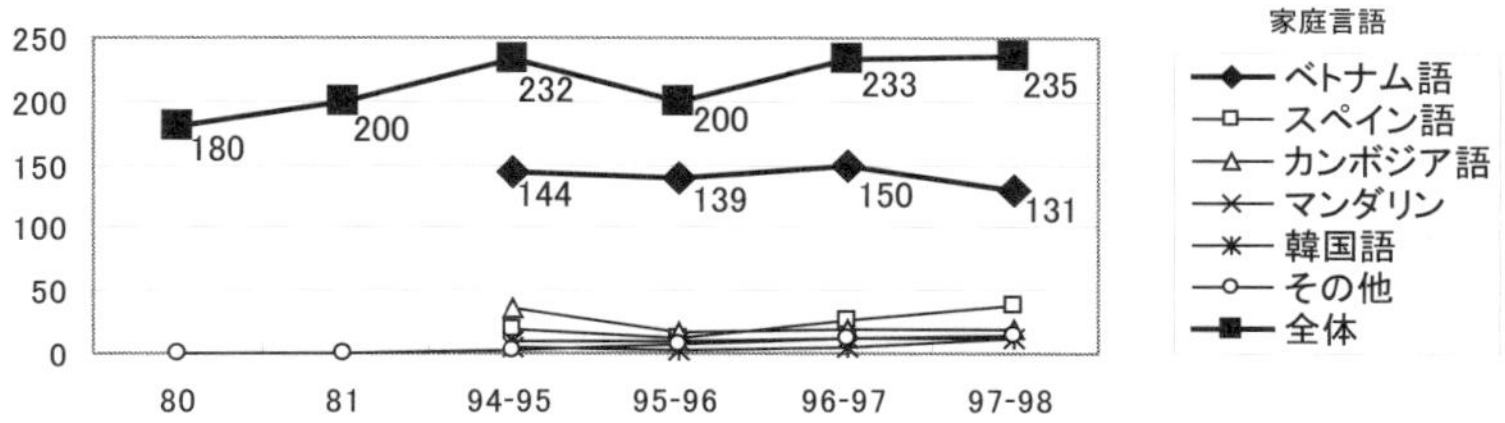

図1　オリンピア学校区のＥＳＬ生徒数推移

表1　調査二校の民族構成（2003年）

民族	Ｃ高校	Ｎ高校
アジア系	11%	15%
ネイティブ・アメリカン	1%	2%
黒人	3%	5%
ヒスパニック	5%	6%
白人	80%	72%

表２　調査２校のＥＳＬクラスの構成

	C高校	N高校
生徒数	11人 （クラスの民族構成：ヒスパニック4人、ベトナム3人、中国1名、台湾1名、フィリピン1名、ドイツ1名）	36名と11名（2クラス編成） 筆者が主に観察したクラスの民族構成：ヒスパニック4人、韓国3名、マーシャル諸島2名、ベトナム1名、コロンビア1名）
教　員	2名（1クラス共同指導）	2名（2クラス分担指導）
ESL補助者	高校生ティーチング・アシスタント（TA：1名） 大学生インターン（1名） メンター（2名）	高校生ピア・チューター（PT：3名） 外部ボランティア（1名）

やシエラレオネなどアフリカ内戦国からの難民生徒も受け入れており、同校のＥＳＬ生徒たちの家族背景はきわめて多様である。表１の民族構成にあるように、白人が七二％で、Ｃ高校八〇％よりやや少ない。逆に、アジア系は一五％でやや多いが、同校ともほとんど類似した民族構成といってよいだろう。

ＥＳＬの構成と運営の仕方は両校で若干異なる（表２参照）。[2] Ｃ高校はＥＳＬクラスは一クラスのみで、一一人の在籍生徒がいる。Ｎ高校は四七人のＥＳＬ在籍生徒がおり、レベルに応じて二クラスに分けられている。しかし、両校ともクラスの中に「ＴＡ」、「メンター」「ピア・チューター」などと呼ばれるＥＳＬ補助者が入り、一種のティーム・ティーチングによって指導がなされていることでは共通している。まず、両校のＥＳＬクラスでいかなるティーム・ティーチングがされているのか順に見てみる。

2　C高校のＥＳＬ補助者たち

C高校は一九七五年に開学した高校である。前章で取り上げたＧ小学校と学区が重なり、開学以来多くのインドシナ系生徒を受け入れてきた。同校のＥＳＬクラスでは二人の教員が約一〇人のニューカマー生徒を指導している。生徒たちの出身国は**表2**のように、ベトナム、メキシコ、台湾、中国、フィリピン、ドイツであった。どの生徒もアメリカ在住一年未満から二年程度である。

二人の担当教師は、ともにＥＳＬ教師一〇年以上のベテランである。ＥＳＬ授業はこの二人の教師に加えて、ＴＡと大学生インターンを授業に加えている。さらに、ＥＳＬ生徒が通常の学級で授業を受けるときにはメンターが支援している。まず、ＴＡの支援活動から順に見てみる。

(1)　ＴＡによる支援

アメリカの中高校では在校生がＴＡとなり、授業補助に加わることはごく普通に見られる光景である。一般にＴＡと呼ばれる生徒たちは、教員の事務的な補助を行う生徒たちのことである。私が観察したいくつかの中高校でも、ＴＡは書類の整理、プリントのコピー、図書館への図書返却、黒板消し、教材作り、出席簿の整理などの事務的な補助していた。

しかし、Ｃ高校ＥＳＬクラスのＴＡの場合は、事務補助以上にＥＳＬクラスの授業に参加し、実際の授業の中で「教える」役割があらかじめ求められていた。私の調査中は、ベトナム人女子「トイ」と韓国人女子「ユン」の二名がそれぞれ異なる時間にＥＳＬクラスに入りＴＡをしていた。二名は共に「元ＥＳＬ出身者」である。ユンは次のような経緯と動機からＴＡを志願したという。

三年前に韓国からアメリカに来た。去年までＥＳＬクラスの生徒だった。今年は五時間目に取る授業がないので、Ｂ教員[注：ＥＳＬ担当教員]にＴＡになることを頼んだ。先生や生徒をヘルプできるので自分はＴＡが好きだ。来年韓国に帰るけれど、将来は英語の先生になりたいので英語のＴＡはとてもいい経験になる。

Ｂ教員は、「ユンは、とても優秀だ。まだ文法に不確かなところがあるけど、頭がいいからとても役に立っている。彼女がい

表３　C高校ＥＳＬクラスでのＴＡの活動（2003年2月3日）

12時40分	教師が記入した出席表をドアに貼る。
12時43分	※ベトナム女子の質問に答える。隣にすわり、にこやかに丁寧に教える。
12時47分	Ｂ教員の指示により、教員机に座り「アルファベット・カード」を作る。
13時5分	教員机から離れ、メキシコ人女子の隣に座り、楽しそうに会話する。
	教員机に帰る。
13時10分	糊を出して、アルファベットを紙に貼る。
13時15分	Ｂ教師に指示された作業について「これでいいか」と聞く。「色を付けるといい」といわれる。真剣にアルファベットに色を塗り、教材づくりに励む。
13時20分	※Ｂ教師に指示され、ベトナム人女子の英作文を手伝う。
13時25分	※メキシコ人男子の本読みを手伝い、一緒に読む練習をする。
13時30分	授業終了

てくれてとても助かる」と強い感情を込めて、ユンの有能さを力説していた。

表3は、私が観察したある授業時間中のユンの活動を記録したものである。ユンは事務的な出欠確認や教材づくりを行いながら、実際に生徒たちの質問に答え、作文の手伝いをしている。事務補助と学習指導の二つの役割を果たしていることが分かる（※印が学習指導場面である）。

(2)　インターンによる支援

日本では教育実習以外に、大学生が小中高校の授業に参加し教えるという機会は非常に限られている。近年、ようやくいくつかの自治体で大学生ボランティアの小中高校参加の試みが始まった。しかし、C高校も含めて、私が訪問したオリンピアの小中高校では、頻繁に大学生がさまざまな経路から出入りし、通常の授業に参加することが日常的に行われていた。

C高校では、私が調査中、エバーグリン大学の学生ジェニーがインターンとして授業に参加していた。このインターン研修は、大学の授業科目「バイリンガル教授法」の一部として行われている。この授業を受講する学生二〇名は、それぞれ小中高校のＥＳＬ学級に出向き、授業に三五時間参加することで二単位分が認定される。

ＥＳＬ担当教師は非常に親密で気さくな態度でジェニーに接していた。ジェニーの場合、授業参加一日目はクラスの後ろに座り、見学していたが、二日目からすぐに授業を任された。担当教師は「クラスの中のこの生徒四人があなたの担当です。教科書をここからここまで教えて下さい。にこやかにやって下さいね」という指示だけ与え、あとは授業が終わるまで四人グループの指導をまかせっきりにした。

ジェニーは初めての授業で多少緊張気味の表情だったが、後で私が初授業の感想を聞くと「おもしろかった！　結構うまくいったと思う」と、意気揚々と返答した。

ジェニーは授業に慣れるにしたがい、授業以外の休憩時間でも生徒に自分から近づいていき、声をかけていた。生徒たちも、インターンを特別視しないで、ごく自然に接していた。インターンが、ＥＳＬクラスに溶けこみ、個別的な学習指導に役立っていることが分かる。

(3)　メンターによる支援

ＥＳＬ生徒たちは、ＥＳＬクラス以外にも通常教科のクラスに参加している。そこで、C高校では、ＥＳＬ生徒の中でも特に通常教科授業のときに学習援助が必要なニューカマー生徒に対してメンターを配置している。アメリカでは、一般にメンターとは良き助言者・導き手、親身なってサポートしてくれる人のことをいう。ＥＳＬクラス以外でも、アメリカでは教育支援ＮＰＯや学校が多くのメンター・プログラムを実施している。C高校のＥＳＬメンターは、ペアとなるＥＳＬ生徒が通常の授業を受けるとき、ＥＳＬ生徒の隣に座り、教師の説明を解説し、課題を解く手助けをする役割を担っていた。メンターの役割については、第六章で詳しく述べる。

3　Ｎ高校のＥＳＬ補助者たち

次にＮ高校のＥＳＬ補助者たちの活動を見てみる。私が定期的に訪問したＮ高校のＥＳＬクラスは「初級クラス」だった（表2参照）。同校では、Ｃ高校でＴＡやメンターが行っていた学習補助を「ピア・チューター（peer tutor）」と呼ばれる生徒たちが受け持っていた（以下、ＰＴと略す）。また、外部のボランティアも日常的に訪れ、授業に参加していた。彼らの活動ぶりを以下に示してみよう。

(1)　ピア・チューターによる支援

Ｎ高校のＰＴは三名いる。一名は白人男子、後の二名はＥＳＬ出身者のベトナム人と韓国人生徒である。担当するクラスと時間は三名それぞれ異なる。

ＰＴはＥＳＬクラスの教師補助者というよりは、かなりの程度の責任を分け与えられた独立した「学習指導者」として活動していた。私が観察したクラスでは、あるＰＴは三名の生徒（初級クラスでも最も基礎的段階の生徒たち）を任され、テキストを使って個別的な学習指導を行っていた。休憩時間でも、ＰＴは自発的にことばをかけて、質問をし、つきっきりで会話の練習をしていた。以下は、ＰＴとコロンビアからきたニューカマー生徒とＰＴとの休憩時間中の会話を私のフィールドノーツからの抜粋したものである(二〇〇三年四月二八日)。

ＰＴ「コロンビアにはマクドナルドやピザハットはあるの?」
アラファン「……イエス……コロンビアのピザが好きだ。コロンビアの方がおいしい」
ＰＴ「今はどんな季節?　雨が降っているの?」
アラファン「……ノー」
ＰＴ「コロンビアは山が多い?　山の中で寝たことがある?」
アラファン「……」[注：質問の意味が分からない]
ＰＴ「サッカーは好き?」
アラファン「……イエス、好きだ」

ＰＴの一人ジェイソンは韓国人アメリカ人である。なぜ、ＰＴになったのかという私の質問に、次のように答えてくれた。自分が英語習得に苦労した経験をふまえ、ニューカマーへの支援をすることへの意義を自覚していることが分かる。

中学の時から[注：ＥＳＬ生徒の]チューターの仕事をしている。主に韓国人、ヒスパニックを対象にヘルプしている。

自分の経験から英語を流暢に話すことがいかに大変かがよく分かる。アメリカに住む生徒の生活をより良いものにすることを助けたいと思った。人を助けていることが楽しい。

(2)　外部ボランティアによる支援

Ｎ高校ＥＳＬクラスにおけるもう一人の学習補助者は、外部からのボランティアであるキャシーである。彼女のボランティアとしての参加の仕方は非常に興味深い。彼女は個人で「難民青少年のための支援プロジェクト」を立ち上げ、多くのＮＰＯや学校と関わる活動をしてきている。

キャシーは、「自分のプロジェクトを人に説明すると、それはどこにもないと言われる」と冗談まじりに言う。それほど、多様な活動からプログラムは作られ、小学校から高校までのニューカマーの子どもが自立するためのあらゆる支援が彼女の活動に含まれている。英語指導、学習指導、カウンセリング以外に、ＮＰＯと協同で職業訓練のための体験実習プログラムやサマーキャンプも実施してる。

Ｎ高校のＥＳＬクラスの支援も彼女のプロジェクトの一環である。彼女は毎週ＥＳＬクラスに参加し、生徒たちに英語指導をしている。ＥＳＬ生徒が他の授業に出席する場合は、一緒に授業に参加し生徒の隣に座り個人指導を行うこともある。

4　ＥＳＬ補助者の参加を促す要因

以上に見たように両校のＥＳＬクラスでは、多様なＥＳＬ補助者による学習支援が見られた。ＥＳＬクラスは、ＥＳＬ補助者の参加によって、ＥＳＬ教師単独では困難な多様で効率的な指導が可能となっているように思われる。こうした外部者の参加による授業を見ると、前章で述べたＧ小学校における組織の開放性という組織の特性が、調査高校でも共通して存在しているといっていいだろう。以下では、まずＥＳＬ補助者の授業参加を促す制度的仕組みを簡単に述べた後、よりマクロな学校を取り巻く社会・文化的要因についてやや詳しく検討してみたい。

(1)　高校生補助者の参入を促す科目履修制度

まず、ＴＡ、チューターやメンターなど高校生補助者の参入を促す仕組みとして「科目履修制度」が重要である。アメリカの高校では、授業を補助する生徒の役割が授業運営の基本的な要素としてあらかじめ組み込まれている。**表4**はN高校の『履修案内』からの抜粋である。表4には「事務室補助」「図書館補助」のように、日本では「科目」としてはおよそ考えられない補助活動も科目の中に取り入れられ、それら補助活動も同等に「経験科目」となり単位認定されている。ＴＡやＰＴも「経験科目」の一科目に位置づけら

表４　N高校の経験科目グループ(抜粋)

事務室補助(タイプ、ファイル整理業務、電話応対、手紙整理、伝言の伝達など)
図書館補助(図書館での図書の貸し出し返却業務、書棚整理、コピー作業など)
教師補助(書類整理、実験の補助、その他授業の補助)
出席記録補助(各授業の出席簿のチェックやコンピュータへの入力、事務から授業担当教員への連絡事項の伝達など)
カウンセラー補助(進路指導に関する資料やデータの整理、教員への連絡事項の伝達など)
リーダーシップ(生徒会役員、クラス代表、チアーチーム代表などに参加し、高校の生活向上に努める仕事を行う)
ピア・チューター(教師の指導の元に、他の生徒が学業、社会、生活などさまざまな技能を学習するための援助をする仕事を行う)

れている。なお、これら科目は通常二単位科目である。したがって、事務補助的な経験、リーダーシップやＰＴの「経験」が単位として認定される科目履修制度が存在していることにより、ＥＳＬ補助者の授業参入が促されている。ＰＴは履修案内の説明箇所では「ＰＴは、クラスの教授チームの一員となる」と記され、教師的役割を期待されていることが明記されている。

(2)　大学生の参加を促すインターンシップ制度

次に、大学生の参加を促すインターンシップ制度について見てみたい。Ｃ高校の例に見たように、ＥＳＬクラスには大学生インターンが授業に参加していた。ＥＳＬクラス以外にも、小中高の授業に大学生インターンが参加する機会は非常に多い。

インターンシップ制度とは、一般的には学生が大学以外の職場で実習・研修的な就業体験をする制度の事である。アメリカでは大学生の半数が卒業までになんらかのインターンシップに参加しているといわれる。日本でも近年多くの大学や企業でインターンシップの導入が始まっている。日本では多くの場合、学生の「企業研修」あるいは企業と大学の「産学協同」という文脈でインターンシップは受け止められているようだ。しかし、アメリカのインターン受け入れ先は、企業だけでなく、官公庁、NPO、学校も大きな受け皿となっていることに大きな違いがある。

インターンシップの発祥は、一九〇六年アメリカのシンシナティ大学で始められた「コーオプ教育（Cooperative Education）」であるという。コーオプ（協同）教育とは、大学での学習と実際の仕事を融合することを目的にした実践志向の教育形態である。つまり、大学の授業では概念的、理論的側面を学び、実社会での就業経験によって実践的側面を深める。教室と現場の相補的な学習がコーオプ教育によって実践的学習は成し遂げられるというジョン・デューイを代表とする経験主義教育思想が、コーオプ教育の背後にあるといえよう。このコーオプ教育の伝統がその後のインターンシップ教育へと発展していった。

特に一九六八年に高等教育法改正が改正され、高等教育機関の教育内容が実際の仕事と緊密な関係をもつべきとされたことによってインターンシップの普及がいっそう進展した。この法改正によりインターンシップに対する連邦からの財政支援が増大し、助成金が実施する大学に支給される制度が確立した。

この高等教育法改正以降、教育機関や産業界にインターンシップへの関心が急速に高まっていった。一九七〇年にはインターンシップを導入している大学は二〇〇校、一〇年後には一〇〇〇校を越え、急激な拡大となった。現在、アメリカではインターンシップ経験者は、政府／NPO分野の新規採用者中四六・三%、製造業五五・三%、サービス業五四・三%となっている。つまり、大卒者の約半数が何らかのインターンを在学中に行っていることになる。大学とＮＰＯ、産業界、官公庁との連携型教育が進展していることが、この数値からも明らかである。インターンシップは、大学生をＮＰＯや学校に参入させる大きな通路となっている。

なお、先に見たＥＳＬクラス・インターンのジェニーの在籍するエバーグリン大学では、「地域連携教育」、「経験主義教育」、「理論と実践の統合」を教育理念に掲げており、創立当初よりインターンシップ・プログラムが大規模に展開している。そのため、インターンとしてオリンピアやその周辺で活動する大学生はきわめて多い。私が見学したＮＰＯや学校では、同大学のインターンをたびたび見かけた。

(3)　学習支援者の参加を促す社会文化的要因

以下では、学習支援者の参加を促すアメリカの基本的な教育観とその考え方の背景にある社会文化的要因について検討したい。私はC高校の外部ボランティアとして活動しているキャシーへのインタビューから次のようなエピソードを聞いた。これらは外部ボランティアの参入を学校教師がどう受け止めたかを示す興味深い事例といえる。

キャシーは、二〇〇〇年ごろから三五人の大学生を組織し、ESL生徒のチューターとして中高校の通常学級に派遣するボランティア・プロジェクトを始めた。このプロジェクトを始めたとき、現場の教師たちは「非常に歓迎し、自分は感謝された」という。学生ボランティア派遣をもっと続けてほしいと要求が多くの学校からあったというが、調査時にはコーディネーターを雇用する公的予算補助がなくなり、残念ながら休止しているという。まず、彼女の経験から、現場教師は外部ボランティアの教室参入を「歓迎している」ことが分かる。

キャシーはこのプロジェクトが休止状態になってから、個人的にチューターとして複数の高校でＥＳＬ生徒の授業に付き添い、彼らの学習指導をしている。その場合も、直接教室に行き、チューターとして授業参加の許可を得る。ほとんどの場合、担当教師は直ちに彼女の入室を許可し「歓迎する」のだという。ニューカマーへのチューター制度がアメリカの学校現場に根付き、「外部者」が授業に参加することを通常のこととして受け止める土壌が存在しているといえよう。

また、ＥＳＬ教師たちへのインタビューによれば、ＥＳＬ教師たちはＴＡ（あるいはメンター）をいつも探しており、ＥＳＬクラスを「卒業」し、すでに通常学級に通っている生徒たちに絶えず連絡を取り、ＴＡとなるよう依頼する。適当な生徒がいても、その生徒の受講時間が合わなかったり、教える能力がない生徒も出現するため、ＴＡの配置は決してたやすいことではない。しかし、それでも教師たちはけんめいにＴＡを探して配置しようとする。[6]

さらに、大学生インターンを定期的に受け入れいているＣ高校のＥＳＬ教師は、インターンが年間を通して来てほしいが、現状では六週間で終了するのでとても残念だという。別の形でインターンを送ってくれるよう大学教員に依頼しているという。

こうした教師たちの補助者への態度や期待は、結局、教師が補助者が有用であると認識し、外部からの参入を歓迎し、外部参入が恒常化していることの表れと考えることができる。では、教師たちはなぜそれほどまでに外部支援者に期待するのだろうか。日本では高校の授業は、担当教師が単独で行うことが一般的である。担当教員にとっては外部者が自分の授業活動に参加することには大きな心理的抵抗がある。しかし、アメリカの高校では、今見たように外部者やさらには同じ高校生が生徒の学習を支援する仕組みが作られている。外部者参入を促す背景には、次に述べるような学校教育を取り巻く社会文化的要因があると思われる。

(a)　ＥＳＬ教師の多忙さ

まず、ＥＳＬクラスの抱える社会的条件がＥＳＬ補助者の参加を促していることを指摘しておきたい。つまり、授業補助者を参入させることの背景には、教師の多忙さを解決し、学級運営の効率化を図るという現実的要請があると思われる。

ＥＳＬ教員は通常の教科教員に比べて多くの雑務を課されている。彼らは単に教室で英語を教えるだけでなく、ＥＳＬ生徒の学校生活や家庭生活の指導にまで常に関わらねばならない。[7]

私はＥＳＬ教師が学校へ来てから下校するまでの毎日の活動を、学校訪問に行くごとに記録した。ある日の場合、ＥＳＬ教師は新しく入ったメキシコ人生徒のために、午前中の休憩時間に保健所と電話で連絡し、予防注射の申請をうち合わせた。また、その手続きを家庭に連絡するため、今度は昼の休憩中にスペイン語通訳の確保を学校事務局に頼み、その連絡確認をＰＴに頼んだ。さらに、そのメキシコ人生徒と面接するために他の教師と時間調整を行った。結局、昼の休憩時間がすべてこの新入生徒への対応で終わった。こうした多忙な日常業務が毎日続いている。

また、ＥＳＬクラスはきわめて多様な背景を背負った生徒を受け入れているため、教師は対応に苦慮することも多い。Ｎ高校のＥＳＬクラスには、アフリカの内戦地域であるシエラレオネから来た難民生徒がいる。この生徒は家族全員を内戦で失い、トラウマ(心的外傷)を抱えており、この生徒に対しては心理カウンセリングも必要とされ、医療機関と調整せねばならない。ロシアからは精神障害を持った生徒を受け入れ、さらに言語障害のある南米系生徒もいる。

こうした多様な問題を抱えた生徒に対処するためにＥＳＬ教師の職務はきわめて多忙となる。私は調査中、あまりの多忙さのためにバーンアウトした(燃え尽きてしまった)ＥＳＬ教師の話をたびたび聞いた。ＥＳＬ教師の多忙さを軽減するためにもＥＳＬ補助者たちの果たす役割は大きい。ＥＳＬ補助者は、教師が行う教授活動やそれ以外の多くの「雑務」を補助するからである。

(b) アメリカの教育観

今述べたように、確かに職務上の多忙さを解消するために、授業補助者が要請されているという面はある。しかし、日本でも教師は多忙である。教師の多忙さが一つの研究テーマとなるほどである。[8] しかし、日本の教師は補助高校生、インターンやボランティアといった外部者を学習補助のために恒常的に参加させることによって多忙さを解消しようとはしない。また、たとえそうしたいと考えても、右に見たような外部者参入の「制度」もほとんど存在しない。

こうした違いの背景には、やはりアメリカと日本で教育観（教育への信念やイメージ）の差異が存在していると思われる。アメリカ社会の特有の教育に対する考え方が外部者の授業参入を促していると考えられる。ここでは〈学習の個別化志向〉と〈役割モデル〉という二つの面からアメリカの教育観を見てみたい。

〈学習の個別化志向〉

日米の教師文化に関する比較研究では、両国の教師の行動や集団構成パターンに対照的な違いが存在することが指摘されている。例えば、日本ではクラスを一つのまとまりとして捉え、一斉指導や集団中心の指導が行われる。さらに、日本の教師はクラスの情緒的絆や一体感の形成を重視し、そうした一体感を共有するクラスづくりを前提にして、一斉指導が実施されていることも指摘されている。[9]

一方、アメリカの教師は、集団のサイズが大きくても小さくてもそれは「個人」の集合体と見る。学習は生徒がそれぞれ異なった特性や背景を持った個人であることを前提に、その個人にできるだけ適切な学習課題を設定することが教師の責任と考えられている。

こうした基本的な集団イメージが違うため、教師と生徒の言語的コミュニケーションを比較した研究では、日本の教師はクラス全体に対する働きかけが多く、逆にアメリカの教師はたとえ一斉授業の形態でも、教師の言語的働きかけはクラス全体より個人に対する働きかけがずっと多いと指摘されている。[10]

つまり、あくまでも個人の能力の個別性を重視し、学習達成を個別的な指導から達成しようとする考え方がアメリカの基本的教育観である。一斉指導よりも個別指導の方が個人の能力をより引き出せるとする考え方であるから「個人主義的学習観」といってよいだろう。

特にＥＳＬクラスのような語学教育の場合、学習の個別化はいっそう現実的で効率的な指導方法と認識されている。ＥＳＬクラスでの英語指導は、あらゆる語学教育の場合と同様に、本来的に生徒の能力（言語水準）は多様であり、到達水準、学習プロセスも客観的に示されるため、個別化した指導の効果が発揮しやすい学習教科である。そのため、ＥＳＬクラスでは、学習の個別化志向が前提にあり、この志向が、できるだけグループを分割し、それぞれのグループに適切な指導者を外部から求めてでも配置していこうとする行動を促していると思われる。

〈役割モデル〉

さらに、もう一つの重要な教育観として「役割モデル（ロール・モデル）」の考え方があると思われる。これは生徒にとって手本（モデル）となる類似体験者を提示して、役割モデルとの緊密な接触から生徒の成長を促そうとする考え方である。将来像を描くときの見本となる人が役割モデルである。役割モデル重視の教育観は、ＥＳＬクラスに同じＥＳＬ出身生徒や同一民族の高校生補助者の参入を促している。

アメリカではさまざまな場面でマイノリティの立場に置かれながらも自立や成長を成し遂げた青少年が役割モデルとして活躍し、またそうしたモデルを積極的に評価する社会的価値が存在していると思われる[11]。アメリカ最大のメンター・プログラムを実施するＮＰＯ「ビッグブラザーズ・ビッグシスターズ」

は、片親や両親のいない青少年に「兄役」「姉役」となるメンターを派遣し、青少年の成長を援助しようとするプログラムである。[12]このプログラムにも、片親や両親のいない家庭で育った人たちが、良きモデルとして援助するために多数参加している。私が調査する中でも「自分は子どもたちのロール・モデルになりたい」という表現を使い、自分の活動参加理由を説明するボランティアやＮＰＯスタッフに何度も出会った。役割モデルの考え方は、他方でニューカマー指導者・援助者の参加動機も作り出しているといえる。

私が調査した学校では、意図的にベトナム人、韓国人などのＥＳＬ経験者をＥＳＬ補助者に採用していた。先のＥＳＬ補助者であるユンやジェイソンのインタビューに典型的に見られるように、彼らは自分自身の経験からニューカマーの苦労が理解できる立場にある。インタビューによれば、彼らは共通して自分の経験したさまざまな苦労やその解決の経験をふまえて、ニューカマーに支援したいと考えている。さらに、彼らはなによりも母語でコミュニケーションでき、指導できる貴重なニューカマー支援のリソースである。ＥＳＬ教師たちは、学期が始まる前にはいつもＥＳＬ経験者に連絡を取り、ＴＡやチューターとなるよう依頼しているという。役割モデルの考え方が社会に共有されていることにより、ＥＳＬ出身者の教室参入が促されているといえよう。

おわりに

C高校のESL教師は、私が訪問するたびに、「自分のクラスを家族のようにしたい」と述べた。確かにESLクラスにはちょうど家族のような役割がある。家族社会学では家族とは多面的機能を持った社会組織として捉えている。[13] ESLクラスは生徒への学習支援機能や社会生活への媒介的機能も果たし、多面的で雑多な機能を含んだ「ESL家族」と呼べるだろう。

私が観察する中で特に重要と感じた機能は、生徒に対するクラスの情緒的安定化の機能である。ESL生徒たちの表情を、ESLクラスと通常クラスにいる時とで比較観察すると、明らかに表情に違いがある。通常クラスではESL生徒の表情は硬く、精気がない。ESLクラスに帰ると、笑顔となり、急に行動も活発になる。ESLクラスの「卒業生」たちも休憩時間や放課後になると、ESLクラスに立ち寄り、話しに来る。時には教師が持参したスナックが振る舞われることもあり、コーラやポップコーンを飲み食いしながら、おしゃべりを楽しんでいる。ESLクラスは、学校で孤立しがちなESL生徒の心のよりどころになっているのだ。まさに、家族の情緒安定化の機能が見られる。

特にESL生徒と年齢の近い高校生や大学生をクラス指導に参加させることは、クラスの開放的雰囲気づくりに役立っている。たとえグループ学習にクラスが分割されてもグループ間の垣根は低く、冗談がクラス内を飛び交い、なごやかな雰囲気で授業が進んでいた。ESL補助者の参加はESL生徒の学習意欲やＥＳＬクラスへの所属意識を高めているのかもしれない。

さらに、この「ＥＳＬ家族」は別の見方をすると、日本の血縁によって成員と外部者を明確に隔てる閉鎖的家族とは根本的に異なっている。これまでに見たように、ＥＳＬ家族は多様な外部者を巻き込むことで活力を作り、成員の学習と社会参加を支援する家族である。外部との壁が低く、血縁にこだわらない開放的家族がＥＳＬ家族の重要な特性だといえるだろう。

［注］

1　ワシントン州アジア・太平洋系アメリカ人委員会資料 (http://www.capaa.wa.gov/bilingualeducation.html)

2　なお、ＥＳＬの実施形態は学校、地域、州により多様である。学区の各学校にＥＳＬクラスを持つ場合、学区の主要校にのみＥＳＬクラスを設け、ＥＳＬ生徒がそこに通い学習する場合など、地域の実情によりさまざまである。次の文献を参照。末藤美津子『アメリカのバイリンガル教育―新しい社会の構築をめざして』(東信堂、二〇〇二年)。

3　野津隆志「わが国大学のインターンシップ制度に関する調査報告書」(平成一四年一月　兵庫県研究助成大学整備特別研究報告書)。

4　経済産業省東北経済産業局「アメリカにおけるインターンシップの歴史」　http://www.tohoku.meti.go.jp/sangaku/intern/5/1.htm

5　*The Engaged Campus Report and Recommendations*, Evergreen State College, 1999.

6　調査中、あるチューターは飲酒し、マリファナたばこを吸った後、ＥＳＬ教室にやってきて、いきなり教室に倒れこんだ。担当教師は、「たとえそれでも、彼はチューターとして役に立つ」とコメントした。

7　アメリカのＥＳＬ教師のさまざまな業務やＥＳＬクラスが抱える問題については、次の文献に詳しく紹介されている。横田啓子『アメリカの多文化教育-共生を育む学校と地域』(明石書店、一九九五年)。

8　例えば、酒井郎「多忙問題をめぐる教師文化の今日的様相」(志水宏吉編著『教育のエスノグラフィー　学校現場のいま』嵯峨野書院、一九九八年)。

9　酒井と島原の興味深い日米の教師文化に関する調査研究によると、「teaching」と「教えること」には明確な文化的概念差がある。アメリカでは「teaching」という行為を学習の認知的・教科的場面にだけ用いている。つまり、アメリカでは教師の仕事は教科の教授専門家と見られている。一方、日本では「指導」という行為は、無限定的に用いられている。つまり、日本では道徳指導、生活指導、給食指導のように学校活動全体に「指導」が普遍化し、あらゆる「指導」が教師の仕事と理解されている。私の調査から見ると、アメリカＥＳＬ教師は教科以外の無限定的職務を遂行し、ある意味で日本的教師の「指導」パターンに類似している。仮説的にいえば、本来的な教科の教授専門家として行動できないストレスがＥＳＬ教師の多忙感やバーンアウトを生み出しているといえるかもしれない。Shimarara, N & Sakai, A. *Learning to Teach in Two Cultures: Japanese and the United States*. NY :Garland Publishing Inc. 1995.「文化としての『指導 / teaching』—教育研究におけるエスノグラフィーの可能性—」(平山満義編著『質的研究法による授業研究』北大路書房、一九九七年)。

10　臼井博『アメリカの学校文化　日本の学校文化』(金子書房、二〇〇一年一八二—一八七頁。

11　『国民生活白書』(平成一二年度版)が紹介するボランティア意識に対する国際比較調査によれば、「ボランティア活動や寄付をする動機やきっかけ」を聞く質問に対する回答として「他人の模範になること」を挙げた割合は、アメリカが六八・八%、日本が三三・九%で、約二倍の差がある。

12　松永有介「米国福祉系ＮＰＯの活動と日本への示唆」(『知的資産創造』二〇〇〇年九月号五八—六九頁)。および、Big Brother Big Sisterのホームページ (http://www.bbbsa.org/)

13　森岡清美、望月嵩『新しい家族社会学』(培風館、一九九七年)。

第四章　ＮＰＯによる放課後クラブ活動

本章と次章では、オリンピアでのフィールドワークから、アメリカのＮＰＯと他組織の連携形成のあり方を詳しく検討する。

本章では、オリンピア市で行ったＮＰＯ調査から「放課後クラブ」を実施するＮＰＯを事例的に取りあげる。この事例を通して、ＮＰＯがいかに学校や地域社会と多様なネットワークを形成しているのか、またそのネットワークを作る要因は何かを検討していきたい。私は二〇〇三年に約半年間、毎週のようにこの放課後クラブを観察し、時にはボランティアとして定例行事に参加した。ここでは私のフィールドワークに基づき、放課後クラブ活動の実際と活動を通して作られるネットワークの特徴を見ていきたい。

ところで、現在日本でも「放課後クラブ」や「学童保育」の役割について、子どもの「居場所づくり」「たまり場づくり」との関連から盛んに議論されている。一九九八年に「中央児童福祉審議会」が答申した『今後の児童の健全育成に関する意見―子育て重視社会の構築を目指して―』では、近年の児童の非行の増加解消のため、遊びや集団での活動を通じ、自己信頼感や友人との連帯感を育む「居場所」を増やす必要があるとし、児童館が学校等と協力して児童の健全育成や非行予防に関する拠点として活性化していく必要があることを強調している。ここで取り上げるオリンピアの放課後クラブは、以下で見るように日本の類似した活動と比べて、参加生徒の年齢の幅が広く、また連携する関係機関も多様である。日本の「居場所づくり」を考える上での参考となると思われる。

本論に入る前にサーストン郡の青少年の教育支援に関わるNPOの概要を紹介しておきたい。本章で事例とす

表1　サーストン郡の乳幼児・青少年の支援に関わるＮＰＯ

(1)	アルコール・タバコ・ドラッグ防止(12団体)
(2)	保育(11団体：保育活動、保育情報提供など)
(3)	衣服提供(4団体：乳幼児への無料衣服の収集、洗濯、配布など)
(4)	カウンセリング(8団体)
(5)	危機管理・緊急保護(15団体)
(6)	教育(8団体：識字教育、ホームスクール、コンピュータ指導など)
(7)	就労(5団体)
(8)	食事提供(3団体)
(9)	健康相談(6団体)
(10)	法律相談(2団体)
(11)	子育て支援(3団体)
(12)	妊産婦支援(2団体)
(13)	シェルター(8団体：女性と子どものための避難所運営)
(14)	障害者支援(8団体)
(15)	サポート(9団体:問題を抱える青少年の指導、カウンセリング、メンターなど)
(16)	情操教育(10団体：青少年、幼児、保護者のためのスポーツ・芸術教室など)

るＮＰＯ「トゲザー」が作成した小冊子『サーストン郡保護者のための情報ガイド』には、乳幼児から青少年を対象にした支援サービスを行っている行政機関やＮＰＯが紹介されている。『情報ガイド』によると、**表1**に示したように、支援サービスは一六分野に分かれており、それぞれの分野で多数のＮＰＯが活動している（注：複数分野にまたがり活動する団体があり、団体数は延べ数である）。

この『情報ガイド』の記載の仕方を見て興味深いことは、紹介されている団体にはＮＰＯか行政機関かの区分や明示がなく、両者が混在して配列されていることである。そのため、私はトゲザー職員に手伝ってもらいＮＰＯのみを抜き出し表1を作成した。つまり、このガイドの構成は、ＮＰＯの社会生活への浸透度の高さや行政との対等性を記載面から示しているといえる。

さて、この一六分野の中に、難民・移民あるいはニューカマー生徒の支援を専業とするＮＰＯは存在しない。しかし、いくつかのＮＰＯは深く彼らの支援に関わっている。本章では、特にベトナム人を中心にしたアジア系ニューカマーの居住する地域で活動をしているＮＰＯ「トゲザー」を取り上げる。トゲザーが運営する「放課後クラブ」を事例として、ＮＰＯによるニューカマー生徒への支援活動を紹介する。

1　調査ＮＰＯと地域の概要

トゲザーは一九八九年に創設され、サーストン郡内で未成年者の暴力・麻薬・飲酒・喫煙防止のための啓発活動を実施しているＮＰＯである。トゲザー創設の発端は、同年にオリンピア近郊の路上で生じた銃発砲による少年射殺事件である。この事件は比較的平和だった小都市に衝撃を与え、青少年の健全育成を目指す団体の創設運動が生じた。この運動のメンバーたちが立ち上げたＮＰＯがトゲザーである。[1]

メンバーたちは、自分たちで事務所を借り、そこに家具、事務器具を運び入れ、活動が始まった。他のアメリカのＮＰＯと同様に、トゲザーも自発的な意志に基づく組織化から始まったことが分かる。現在、トゲザーの本部事務所には一〇人の専属職員が働いている。

トゲザーの職員によれば、子どもたちが学校を終わり、親が仕事から帰るまでの数時間が「最も危険な時間帯」である。誰の監視も受けず、他にすることもない数時間の間に、子どもは小グループを作りさまざまな問題行動に接触するのだという。そのため、トゲザーは、サーストン郡内の低所得者が集中して居住する四地域で放課後クラブ活動を実施している。[2] 放課後の子どもの「居場所」を作り、そこでの集団活動を通して、暴力・麻薬・飲酒・喫煙への接触を防止し、同時にそうしたものへの危険性を学習させていくことがトゲザーの活動ミッションである。

トゲザーが運営する放課後クラブの拠点の一つが、私が調査した集合住宅「Ｅビレッジ」である。Ｅビレッジは、オリンピアで最も多くのベトナム系住民が居住するコミュニティである。トゲザーはこのＥビレッジの集会所に「ネイバフッド・センター」と名づけた放課後クラブを開設している。本章では同センターの活動を詳しく見ていきたい。その前に、Ｅビレッジの概要とセンターに集まるベトナム系生徒たちの生活実態について簡単に紹介しておきたい。

(1)　Ｅビレッジの概要

Ｅビレッジは、連邦政府が住居費援助を行っている低所得者世帯用の集合住宅である。オリンピア市の西部市街地に位置し、約一八〇世帯が暮らしている。周囲は森と公園に囲まれ、静かな住宅地の一角にある(写真1参照)。ほとんどの住居者は、住宅費補助を受けており、居住者は所得に応じて賃貸料の五％から三〇％(約一〇ドルから三〇〇ドル程度)を支払っている。

このＥビレッジは、一見するとどこにでもある集合住宅地域に見える。しかし、Ｅビレッジの中を歩いてみると、いたるところに東南アジアの雰囲気に接することができる。各家の玄関先には花壇が作ってあり、東南アジアの食材である中国ネギ、青しそ、コリアンダーなどが植えられている。東南アジアのゆったりとした音楽が窓から漏れ聞こえる。線香や供え物を置いた小さな仏壇を玄関先に置く家もある。ベトナム風の麦わら

写真１　ベトナム人が多数居住するＥビレッジの建物群

帽子をかぶった女性が時々通る。Ｅビレッジはベトナム人コミュニティの雰囲気に満ちている。

Ｅビレッジには二階建てアパートが九棟ある。ベトナム難民が多数流入していた八〇年代には、Ｅビレッジに暮らす家族の大半がベトナム人であったという。現在もベトナム人家族がＥビレッジの約四五％を占めている。カンボジア人家族は四世帯、その他は白人や黒人の世帯である。白人が人口の八割以上を占めるオリンピアでは、ベトナム人住民が集住した特異なコミュニティといえる。

Ｅビレッジの管理事務は民間不動産会社が行っている。同管理事務所によると、住居者の約半数が「無職者」「失業者」である。障害者、高齢者も多い。また、「失業」と偽り、実際は就労している居住者もいる。賃貸料の安い単身者用や二人世帯用住居に七人、八人が暮らしている場合もあるという。

Ｅビレッジ居住者や関係者への聞き取りによると、ネイバフッド・センター設置以前は、Ｅビレッジの子どもたちにもさまざまな問題行動が存在していたようだ。中高生の一部は、グループを作ってＥビレッジ内の施設に色スプレーをかけたり、器物を破壊してうろついていたという。また、喫煙や麻薬の問題もあったようだ。放課後、行き場のない子どもの引き起こす典型的な問題行動である。ネイバフッド・センター設置後、こうした問題は明らかに減少してきているという。二〇〇三年五月に行った母親たちへの簡単なインタビューによると、次のようにネイバフッド・センターに対して肯定的評価を述べている。

白人母親Ａ「センターはいい活動だと思う。子どもは参加して忍耐力がついた。活動的になった」

白人母親Ｂ「参加しなかったら、子どもは他にすることがない。ぶらぶら遊び回るだけだ。家にいてもすることがないから、勉強もしない。センターがあって助かっている」

ベトナム人母親Ｃ「役に立っている。勉強的な活動がもっとできるといいが……」

ベトナム人母親Ｄ「よい活動だ。もしセンターへ行かなかったら、子どもの生活は悪くなると思う」

(2)　ネイバフッド・センターに来るベトナム系生徒達のプロフィール

ここで、ネイバフッド・センターを利用しているベトナム系生徒達の家庭環境や生育歴について簡単に触れておきたい。二〇〇三年三月にセンター利用生徒二〇名（ベトナム人一八名、カンボジア人一名、その他一名）に対して質問紙調査を行った。ここでは、その調査結果の中で、ベトナム人中・高校生徒一五名（ベトナム人一八名中、小学生三名を除く）の回答結果を簡単に記述する。[3]

(a)　親の職業

親の職業は**表２、３**の通りである。彼らはベトナム人同士、親族・縁者の繋がりで仕事を紹介し合う。ベトナム人同士が集まりコミュニケーションが容易な職場に勤めることが多い。そのため、父親の職業は「造園業」、母親の職業では「爪美容室（ネイルケアサロン）」勤務が多い。なお、表２の「父親の職業」欄で「大学院在学」は、父親が電子工学の修士号を取得するため現在大学院で勉強しており、母親が「爪美容室」に勤務しているケースである。

（b）在米年数、出生地

生徒たちの在米年数と出生地は**表4**のようになる。ベトナムで出生したものが一〇名で、アメリカで出生したものより圧倒的に多い。生徒達の平均像を描写すると、生徒たちはベトナムで生まれ、七歳位で家族と共に渡米し、アメリカに平均六・五年住んでいることになる。

（c）将来の希望

「将来、何になりたいか」という質問への回答が**表5**である。まず注目できるのは、ベトナム人生徒は「医療系志向」が強いという傾向である。「医者」「獣医」から「看護婦」「医療関係の仕事」を合計すると、七名で調査対象の約半数弱となる。他の質問項目からも、ベトナム人生徒が理科系の教科に興味が強く、勉強熱心であることが分かった（平均勉強時間は中学生一・五時間、高校生二・四時間）。以下に私が個別に面接した中高生のプロフィールを三例記す。

表２　父親の職業

造園業	7名
公務員	2名
調理師	2名
無　職	2名
大学院在学	1名

表３　母親の職業

ネールケア（爪美容）	4名
専業主婦	4名
スーパー店員	2名
介護士	1名
保母	1名
用務員	1名
不明	2名

表４　在米年数等

ベトナムで出生	アメリカで出生	平均在米期間	不明
10名	2名	6.5年	3名

表５　将来の希望

医者	2名
獣医	1名
子どものための看護婦	1名
小児科医	1名
インターネット・ウェッブ・デザイナー	1名
医療関係の仕事	1名
看護婦または秘書	1名
警察官	1名
ビジネス	1名
プロバスケット選手	1名
コンピュータ・エンジニア	1名
レコードプロデューサーまたはアーティスト	1名
分からない	3名

●中学二年女子Ｃ

アメリカで生まれた。Ｅビレッジに六年住んでいる。親のベトナム出身地はよく知らない。たぶん「南の町」だ。父親は学校用務員、母親は保母である。将来は大学に進学し、看護婦か秘書になりたい。平均自宅学習時間は二時間である。

●高校三年男子Ｓ

一九九五年（一〇歳の時）にアメリカに来た。ベトナムの出身地はよく知らない。父親は造園業、母親は専業主婦である。兄は現在服役中である［注：麻薬密売のため］。将来はコンピュータ・エンジニアになりたい。平均自宅学習時間はテレビを見ながら二時間である。

●高校二年女子Ｔ

アメリカで生まれた。Ｅビレッジに六年住んでいる。父親は造園業、母親は専業主婦である。将来は小児科医を目指している。［注：Tは面接した中で最も自宅学習時間が長く四時間である。センターでも、一人でもくもくと勉強している姿をよく見た。］

2　ネイバフッド・センターの連携ネットワーク

ネイバフッド・センターの運営上の特徴は、他のＮＰＯや小学校など他機関との連携による柔軟な運営がされていることである。第二章で述べたように、ネイバフッド・センターの活動は、元々一九九六年にＧ小学校が「宿題センター」をＥビレッジの集会所に設置した事に始まる。[4] Ｇ小学校の教員、補助教員、ボランティアは、毎日この集会所に出向き、放課後の学習指導を実施していた。数年後に、同小学校はより多くの生徒を参加させるため、校内で活動を実施することにし、トゲザーにＥビレッジでの運営を引き継いだ。

二〇〇〇年にネイバフッド・センターの活動は、「優れたパートナーシップを形成している」ことを理由に、連邦住宅都市開発局が主催する社会実践賞（ベスト・プラックティス）コンテストで、ワシントン州のベスト実践例の一つに選ばれた。[5] 以下で、その「優れたパートナーシップ」の一端を見てみる。**図1**はネイバフッド・センター運営に関与する諸機関を図式化したものである。まず、この図1に従って連携の実態を説明する。

まず、図1の上部は運営の環境面での連携である。図の上部にある「住宅管理会社」と地元の「ケーブルテレビ会社」が物的・財政的支援している。住宅管理会社は、Ｅビレッジ集会所の使用料、電話料と光熱費を無料で提供している。住宅管理会社の事務所は、集会所と隣接しているため、事務所の職員がセンターを頻繁に訪れ、トゲザーの現場スタッフと話をし、両者の日常的な情報交換が行われている。ケーブルテレビ会社はインターネット接続サービスを無料で提供している。センターの一角にはケーブルテレビ会社が寄贈したパソコンが五台設置されている。このパソコンを使い、学校帰りの高校生たちが宿題をしたり、メール交換やインターネット情報を検索する姿を毎日見ることができる。

さて、ネイバフッド・センターの活動の内容面での連携が、図1の下部にある網掛けの部分である。図1に示したように、トゲザーは三つのＮＰＯと一つの小学校が連携している。まず、連携するＮＰＯは「コミュニティ・ユース・

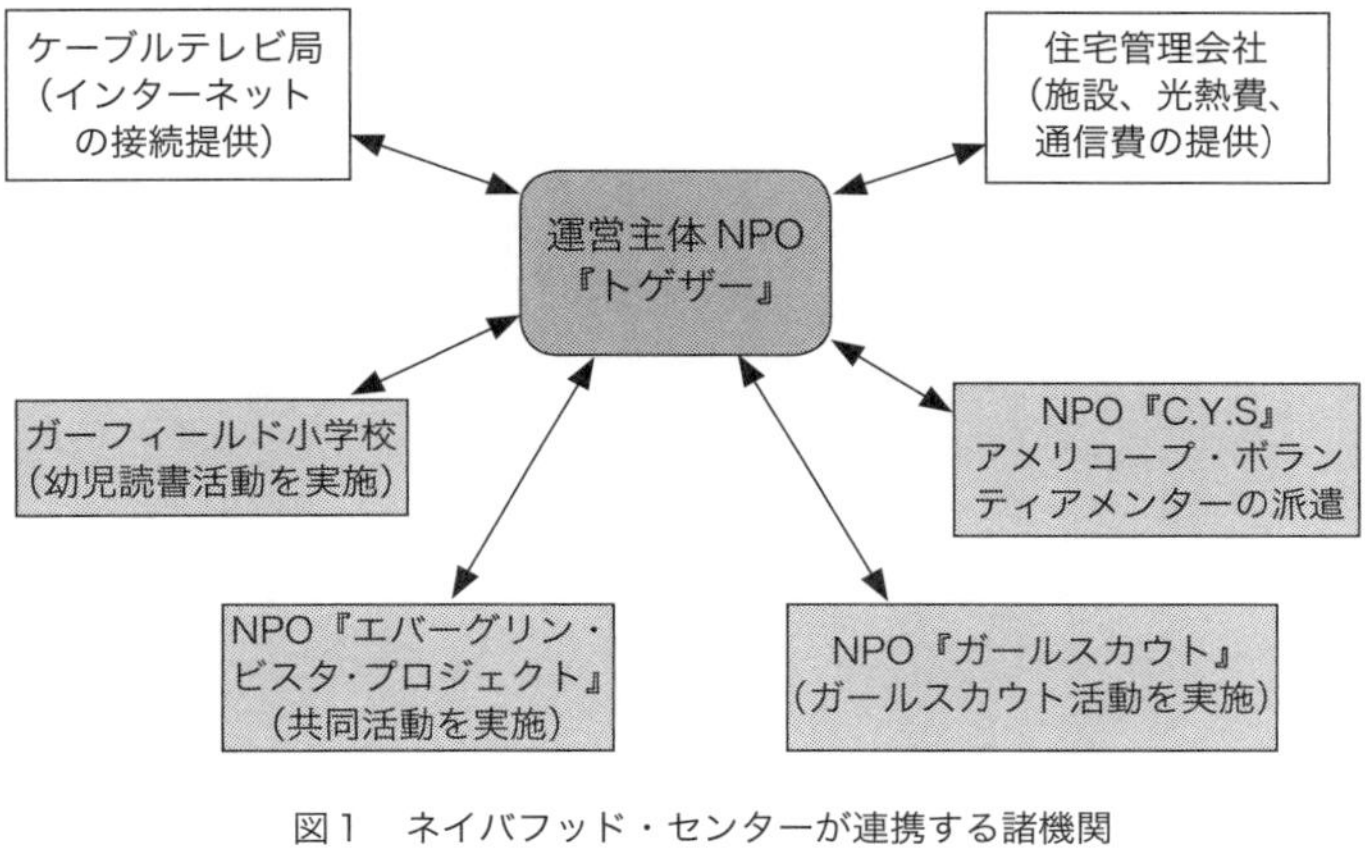

図1　ネイバフッド・センターが連携する諸機関

サービス」である。コミュニティ・ユース・サービス（以下、CYSと略記する）は次章で詳しく述べるが、オリンピアで最も大きな教育支援分野のNPOである。CYSは、ネイバフッド・センターに、メンター一名とアメリコープ・ボランティア一名を派遣している。メンターとは一般に「親密な助言者、指導者、後見人」という意味である。CYSが派遣するメンターは、主にセンターに集まる子どものコンピュータ指導を担当する。アメリコープ・ボランティアは、センター活動全般に関わっている。センターには毎日約三〇名の児童・生徒たちが訪れており、トゲザーの現場スタッフ一人ではとても対処できないため、この二名は貴重な補助スタッフとなっている。

次に連携するNPOは「ガールスカウト」である。「ガールスカウト」はスタッフが毎週水曜日に訪れ、希望する女子を募って工作や手芸など独自の活動を行っている。

もう一つのNPOは「ビスタ・プロジェクト」である。このNPOは、別の地域で放課後クラブを運営している。そ

写真2　二つのNPOによる協働活動（椅子取りゲームの場面）

表6　ネイバフッド・センターの活動例（2003年2月）

月曜	火曜	水曜	木曜	金曜	土曜／日曜
2:30 宿題タイム	2:30 宿題タイム	2:30 宿題タイム	1:00 幼児絵本読み聞かせ＊＊	3:30 ビデオ映画鑑賞	休館
4:00 音楽クラブ	4:00 アート・クラフト	4:00 ガールスカウト活動＊	2:30 宿題タイム 4:00 読書コーナー		

＊ガールスカウトが実施する活動
＊＊Ｇ小学校が実施する活動

の地域は、Ｅビレッジと同様に、多くの低所得者家族が居住する集合住宅地である。トゲザーとビスタ・プロジェクトは不定期ではあるが、子ども同士の交流活動を実施している。**写真2**は、両団体の交流活動に参加した子ども達が「椅子取りゲーム」に興じているところである。

最後に、ネイバフッド・センターは二章で述べたＧ小学校とも連携している。Ｇ小学校は、毎週木曜日に補助教員をセンターに派遣し、就学前の幼児に対する絵本の読み聞かせ活動を実施している。読み聞かせ活動は、家庭で英語を使う機会がないため英語能力が弱いＥビレッジの就学前幼児を対象とし、小学校入学前から英語に触れる機会を作ることを目的に実施されている。日本ではまだ活発化していないＮＰＯと学校の連携が、ここでは実践されている。

以上のように、ネイバフッド・センターは多様な人材と団体が関わり運営されている。また、参加する子ども達の年齢層も小学生から高校生まで幅広い。こうした関与団体と参加者の多様性が交錯することで、ネイバフッド・センターはきわめて変化に富んだ経験活動を子どもに提供可能となっている。

センターの活動時間割は、たとえば表6のようになっている。子どもは「音楽クラブ」、「アートクラブ」、「読書コーナー」などの「設定活動」に参加してもよいし、自分で好きな「自由活動」をしていてもよい。実際、設定活動に参加する子どもよりも、自由に仲間と小集団を作り、好きな事をして時間を過ごす子どもが多い。センターが開いている時間帯(二時半ごろから五時過ぎ)のいつでも出入りも自由である。三時半頃にスナック(おやつ)が出される。

3　他機関との連携のタイプ

今述べたように、ネイバフッド・センターは他のNPOや小学校との連携によって成り立っている。しかし、一言で連携といっても、各機関ごとに連携の仕方は異なっている。ここでは、連携の形態を三つのタイプに分けて違いを見てみたい。

(1)　契約スタッフ派遣型連携

まず、CYSはネイバフッド・センターを運営するトゲザーの派遣要請に基づき、メンターとアメリコープ・ボランティアを派遣している。比喩的にいえば、ＣＹＳとトゲザーの関係は、契約社員を派遣する派遣会社と派遣社員を受け入れる企業の関係であるから、両者の関係は「契約スタッフ派遣型連携」といえる。

なお、ＣＹＳは事業の一つとして多くのＮＰＯへ「アメリコープ・ボランティア」を派遣している。アメリコープ・ボランティアとは、連邦政府により一九九三年に創設されたボランティア事業である。よく知られたピースコープ・ボランティア（平和部隊）の「国内版」として発足し、毎年五万人に及ぶ青年をアメリカ全土のＮＰＯ二一〇〇団体に派遣している。各州に支部があり、ワシントン州では毎年四三〇〇人の青年がフルタイムのボランティアとしてアメリコープに参加している。トゲザーはアメリコープ・ボランティアの派遣受け入れ先の一つである。さらに、ＣＹＳは、メンター派遣をしている。ネイバフッド・センターに派遣されているメンターは、コンピュータ指導を通してそうした問題の予防と早期発見を行うことが目標となっている。したがって、この二名のボランティアは、正式な機関同士の契約関係に基づき活動している。二人はＣＹＳに定期的に活動報告書を提出する。ＣＹＳのスタッフが活動状況を知るためにセンターを訪問することもある。二人は、実際の活動場面ではネイバフッド・センターの現場スタッフに協力し、「準スタッフ」のような立場で子ども達に接している。

(2)　協働活動型連携

他の地域で放課後クラブを運営しているＮＰＯ「エバーグリン・ビスタ・プロジェクト」との関係は、インフォーマルな「協働活動型連携」といえる。双方のＮＰＯはまったく対等な立場で協力し合い、一つのイベントを実施しているからである。このイベントは不定期で学期休み期間中に行われることが多いが、準備段階から相互に連絡しあい、活動内容や必要なスタッフの派遣が協議される。

たとえていえば、両ＮＰＯは類似した仕事をする「同業者」同士であるため、スタッフ同士の連帯意識も強い。そのため、自然に協同、協力の関係が作られ、協働活動はきわめて円滑に実施されていると言ってよい。協働活動は、数年前に「ビスタ」から持ちかけられた活動であったがすでに恒例化し、子どもたちにも好評である。

(3)　独立分業型連携

「ガールスカウト」や「Ｇ小学校」との連携は「独立分業型連携」といえる。形式的にいえば、「ガールスカウト」と「Ｇ小学校」は、毎週決められた時間枠をネイバフッド・センターから借り受け、独自の活動を実施しているからだ。活動内容は基本的に「ガールスカウト」と「Ｇ小学校」が決定し、トゲザーのスタッフや補助スタッフはこれらの活動に直接は関与していない。

4　連携をつくるキーパーソン――対人調整能力と水平的ネットワーク

センターに参加する子どもたちは、スタッフだけでなく複数のメンターやボランティアに見守られることで、小集団活動が可能となっている。また、「ガールスカウト」、「小学校」といった他組織の提供する異なるプログラムにも参加でき、「ビスタ」との協働活動にも参加できる。つまり、ネイバフッド・センターでは、他組織との連携によってきめ細かい指導が可能となり、多彩なプログラムが提供可能となっている。

そこで以下では、こうした連携的支援を可能とする要因は何か考えてみたい。ここでは組織の内部的要因に問題を限定して検討してみる。特に組織の中で「キーパーソン」の活動に注目したい。結論からいえば、トゲザーの現場スタッフであるベニイの資質と努力が連携をつくる重要な要因となっていると思われる。ベニイは放課後クラブを取り囲む支援者のネットワークの結節点となり、複数の立場の異なる主体を繋ぐキーパーソンとなっている。私が観察したベニイの日々の活動から、キーパーソンとしての資質とそれを支える価値観を見てみよう。

ベニイは、トゲザーの現場スタッフとなり約一年である(二〇〇三年二月現在)。以前は、オリンピア市福祉課職員として、三年間ストリートキッズの保護に関わり、毎晩、繁華街を徘徊する子どもたちの保護と生活指導を行っていた。

ネイバフッド・センターでは、子どもが集まるのは学校が終わる三時頃であるが、ベニイは朝九時からセンターに来ている。その日の活動の雑多な準備をし、三時半頃に子どもたちにスナック（おやつ）を与えるため、買い出しも行う。センターの毎月の活動計画もベニイが作成する。

さらに、ベニイは放課後クラブにくる子どもたちの「家族支援」も行っている。毎週木曜日にはスーパーマーケットを回り、賞味期限切れ直前のパンを寄付してもらう。二、三〇個の提供されたパンをセンターの机にずらりと並べ、無料で配布する。活動に参加した子どもや近隣の住民たちが自由にパンを持ち帰っていく。また、センターを訪れるベトナム人の成人たちには、忙しい仕事の合間をぬって、英語のレッスンも行っている。

私はネイバフッド・センターに毎週定期的に通い、そのたびにベニイと会話した。ベニイは「私はこの子ども達が好きだ。ずっとこの仕事がしたい」と事あるごとに語っていた。実際、毎日子どもがセンターに来ると、必ずすべての子どもにことばと笑顔をかけていた。そのため、子どもたちとはきわめて親密な関係が形成されており、ベニイに今日学校であった出来事を報告するためにセンターに立ち寄る生徒もいるほどである。

こうしたベニイの熱意あふれる活動を支える価値観は何であろうか。ベニイは人のよい単純な「愛他主義者」ではない。彼女には強烈な批判精神がある。センターに出入りするかなりの者が批判の対象にされた。むしろ、私に繰り返し語った批判のことばからベニイの一貫した価値観が伺える。それは、一言でいえば差別する者、排除する者への批判であり、差別され排除される弱者への共感の価値観を批判の背後に見いだすことができる。

まず、現場スタッフの前任者が批判のやり玉に挙げられた。前任者は、「ベトナム人生徒だけをセンター活動に参加させ、他の子どもを参加させなかった。こんなおかしなことがあるはずがない。平等に扱えばいいではないか。誰でも来たい者は受け入れるべきだ」という。実際、同じビレッジに住む居住者の半数は、白人、黒人の低所得階層である。ベニイが現場スタッフになってから、白人や黒人の生徒も積極的に受け入れるようにした結果、参加者数が増加したという。

次に批判されたのはガールスカウトである。ベニイはガールスカウトが活動するごとに、何度も差別（ディスクリミネーション）ということばを使ってガールスカウトをけなした。「ガールスカウトは女子しか参加させない。男女差別だ。ガールスカウトやボーイスカウトは同性愛者も排除する。それはトゲザーの理念とは違う。私たちはどんな人でも受け入れる」と感情を込めて何度も語った。

確かに、ガールスカウト活動の実際場面をよく見ると、ベニイの「理念」がはっきりと行動に出ている。「ガールスカウト」が五、六人の女子を相手に手芸活動をしている間、ベニイは参加しない生徒たちをさっさと連れ出して、センターの外庭でボールけりなど別の活動を行っている。私が彼女の「ガールスカウト批判」を聞かされるのも、その時であった。

さらに、学校への批判も痛烈であった。「学校には失望している。自分がセンターで見ている六年生の子どもは、三年か四年の読む力しかない。教師は何をしているのか。我々は六二人を二人で面倒を見ている。[6] それでうまくやっている。……（略）……教師は低賃金だから、余分な仕事はしたくないという。それで結局、たくさんの落伍者を出している。文句ばかりで仕事をしないからこまったものだ……」

前任スタッフやガールスカウトへの批判は、明らかに差別し、排除する行為への反発が表明されているといえよう。学校への批判も、落伍した子どもの視線から学校教師への不満が述べられている。ベニイの仕事への取り組みの背景には、排除されるものへの共感の価値観が存在している。

しかし、ここで他組織との連携という視点から見たとき、注目すべきことは、ベニイが厳しく相手を批判しながらも、その批判の対象者たちと連携を組み、放課後クラブを効果的に運営しているという一見矛盾した事実である。ベニイは「学校教師は、ここにちっとも顔を出さない」と不満を言いつつも、周辺の小中学校の学校長、副校長、学校カウンセラーとは定期的に連絡を取り、個人的つながりを維持している。G小学校の補助教員が幼児を相手に絵本の読み聞かせ活動をしているときは、ベニイはできる限り一緒に参加し、幼児たちにおやつまで配り、その場を盛り上げている。

ガールスカウトに対しても「ガールスカウトが活動をしてくれれば、興味を持つ子もいるのでやってもらっても結構だ。男子も入れてくれるともっといいけど……。やらないよりましだ」と不満を持ちながらも、妥協点を見いだしている。

結局、ベニイは連携の相手との考え方や立場の違いを認めながらも、異なる組織同士の橋渡しのために努力しているのである。ベニイの努力は、異組織間の連携を模索する典型的なキーパーソンの姿勢として理解できるだろう。キーパーソンは、単に異なる組織同士を画一的に繋いでいるわけではない。キーパーソンの「キー」は、異なる意見や立場をいかに調整し、両者に折り合いをつけるかという「対人調整能力」だといわれる。[7] ベニイの優れた対人調整能力によって、ネイバフッド・センターの柔軟な異組織間連携が可能となり、センターの活力が生まれているといえるだろう。

また、ベニイの個人的努力を組織間連携の理論レベルで見てみるならば、彼女は、中央集権的な階層的連携や権力的な上下関係を作らず、異組織間のゆるやかな「水平的ネットワーク」を形成させているといえる。[8] つまり、彼女は各組織の活動を支援し調整はしているが、統合や統括をしているわけでない。ベニイと各組織の担当者は、指揮命令の関係ではなく、相互協力の関係である。結果的に、お互いが水平的な関係であるため、たとえ多少のコンフリクトがあっても各組織の担当者が対話することで問題解決が可能となっている。そのため、異組織の間で創造的なアイデアが常に考案され、毎月の新しいプログラムが実施されている。

5　放課後クラブの「たまり場」的機能

以下では、これまで見てきた「トゲザー」による放課後クラブ活動（ネイバフッド・センター）の持つ教育的役割を、クラブに参加することで生徒達が何を学習しているかという視点から考えたい。

まず、この放課後クラブは一言でいうと、この集合住宅に住む子どもたちにとっての『たまり場』となっている。かつて日本でも、子どもたちは各コミュニティに存在した『たまり場』の中で、自由な遊びや異年齢との交流を通して、社会経験を積み重ねていった。こうしたたまり場の雰囲気がセンターにはある。私はセンターでの毎日の活動を観察したとき、私が子どもの頃に過ごした「たまり場」での経験を思い起こす機会が何度もあった。

私は、前述の生徒たちへのアンケート調査で、「どんな目的でセンターへ来るのか」という質問をした。その回答では「ハングアウト」という記述が最も多かった。[9] ハングアウトとは、気楽にふらっと立ち寄り、ひとときを自由に過ごしくつろぐ場所という意味である。以下では、私の調査中に最も頻繁にセンターに来ていた一人のベトナム人女子高校生「ティアン」の行動に即しながらたまり場の役割を示してみたい。ティアンは七歳のとき、ベトナムから両親と渡米し二〇〇三年現在一七歳である。一六歳と一四歳の妹弟がいる。父親は造園業、母親は爪美容（ネールアート）の店に勤務している。まず、彼女にとってネイバフッド・センターはいかなる場なのか、最も直接的な役割を二つ列挙する。

(1)　学習の場

まず、ティアンにとって、センターは学習の場である。彼女はほとんど毎日高校から下校するとセンターに駆けつける。私は毎日の学校の宿題をティアンが友人と共にしている熱心な勉強ぶりをよく見た。他の子どもたちも宿題を持ち寄り、センターに置かれたパソコンでレポートを書いたり、お互いに助け合って宿題をする。スタッフは宿題をする子どもと一緒にセンターに備え付けられた百科事典を調べたり、インターネットで情報を収集し、課題を仕上げる援助をしている。

ティアンは理数系科目が得意で、一日三時間半の家庭学習をする熱心な勉強家である。以下のような私との会話も彼女の勤勉さを物語る。

野津　高校は楽しい？
ティアン　うーん……そうね……まあまあってところね(It's O.K.)。
野津　まあまあ(It's O.K.)というのはどういう意味？
ティアン　だって授業はおもしろいわけないでしょ。退屈だし、実際おもしろくなんかないわ。でも、やらなきゃならいけないでしょ。
野津　どうしてやらなきゃいけないの？
ティアン　だって高校で勉強して大学へ行きたいから、今、きちんと勉強しとかないといい大学へ行けなくなってしまう。それじゃこまるからつまらない勉強でもしなくちゃいけない。……じゃあ、日本の高校生は勉強が楽しいと思っているの？
野津　うーん、楽しいとは思ってないかもしれないね。
ティアン　そうでしょ！　そうでしょ！　どこも同じよ。勉強するのは私たちの責任のようなものだわ。

勉強を「責任」と自覚する彼女の勉学意欲は、多くのベトナム人生徒(特に女子生徒)に共有されているようだ。先のアンケート調査結果で述べたように、多くの生徒が大学進学(または大学院進学)を目指しており、志望学部をすでに決めている生徒も多い。志望学部は医学部など理系志望が多い。センターはこうした生徒の学習の場を提供している。

(2)　くつろぎの場

センターは彼女らのくつろぎの場である。ティアンは、勤勉に勉強する時間もあるが、もちろん「普通」の女子高生らしい行動をする時間も多い。二〜三人の友人たちとスナックを食べながら談笑している。笑い転げ、上気した表情でおしゃべりをしている。話題はその日学校であった出来事、同級生のうわさ話、ボーイフレンドの話などである。スタッフは、彼女らの会話にはほとんど介入せず(介入しようにも、機関銃のような女子高生のおしゃべりには介入不可能である)、別の小中学生の活動に加わっている。

(3)　社会参加への日常訓練

さて、以上に述べた直接的役割以外に、たまり場は子どもたちに対する広範な教育的役割を果たす場となっていると思われる。ここではそれを一括して「社会参加への日常訓練」と呼ぶ。この訓練は、スタッフによる意図的な訓練という面もあるが、柔軟に作られたたまり場の自然さの中から実現されていると言える。スタッフは側面から子どもの社会参加への「方向づけ」をしているようだ。社会参加への日常訓練には次のような大きく二つの要素がある。

(a) 異年齢交流の場

まず第一は、たまり場が異年齢交流の訓練の場となっていることだ。ここでいう異年齢交流とは、年齢だけでなく、異性や異民族を含む多様な文化のことであり、それら異文化から構成された小集団の中で子ども同士の交流が生じていることに、このセンター活動の大きな特徴が見られる。

異年齢交流の例を、ある日のフィールドノーツから示してみたい(二〇〇三年一月一四日)。この日、センター内では、小集団と個人によるさまざまな活動が展開していた。各集団の活動は次の**図2**の通りだった。

さて、この活動時間、ティアンは集団1にいた。これらの小集団の中で、年齢を超えた情報が伝達されている。この場面では、中学生がティアンにさかんに高校生活について質問していた。「ライティングの授業は難しい？　宿題は……？　クラブ活動は……？」といった質問に、ティアンは「高校ではいろんなことができるよ」などと高校生活の楽しさを教えていた。こうした異年齢間の微細なコミュニケーションの中からニューカマーたちの将来イメージが描かれていく。

観察によれば、男女間のコミュニケーションもきわめて盛んである。日本の中高生のような男女間の

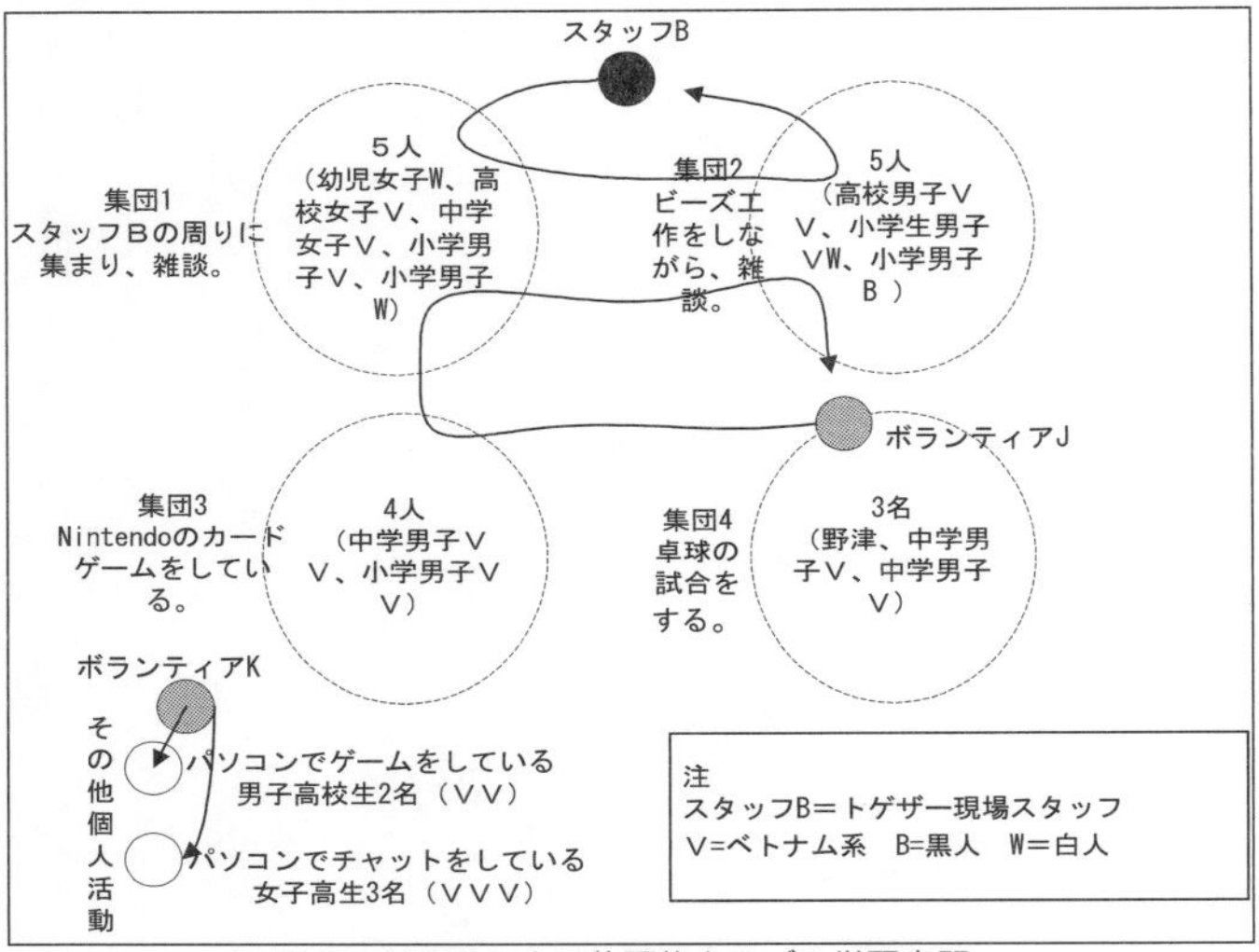

図2　NPOによる放課後クラブの学習空間

［注］

集団1「小学生1名、中学生2名、高校生2名：スタッフの周りに集まり談笑する」
集団2「小学生2名と高校生1名：ビーズ工作」
集団3「中学生1名と小学生1名：Nintendoのカードゲーム」
集団4「中学男子と筆者が卓球」
その他の個人活動「高校生の個人活動4名：パソコンを使いチャットをする」

写真3：手芸活動をする子どもたち
（異年齢、異民族、異性により構成された小集団の典型例である）。

過度に意識したよそよそしさはない。頻繁にことばがやりとりされ、身体接触も多い。スタッフやボランティアは、小集団の間に適時、介入したり見守ったりしながら、移動している。

(b) 社会的規範の形成の場

もう一つのたまり場の役割として、「社会規範の形成的役割」の重要性を指摘したい。ニューカマーの子どもたちは、センター活動の参加によって、広くアメリカ社会で生活するための規範や、さらにベトナム系コミュニティでの責任ある役割をも学んでいると思われる。ここではスタッフは明確な指導者的立場から意図的に介入している。私はセンター内でいかなる規範が伝達されているかを明らかにするため、スタッフたちが子どもに与える「注意」を継続的に記録した。「注意」を整理してみると、スタッフは放課後クラブ活動を通して、アメリカ社会で適切(不適切)とされる規範的行動を示し、子どもの価値形成に関与していることが分かる。その一部を記述してみる。[10]

・安全意識の形成(暴力への注意)―スタッフには日本人(あるいはベトナム人)からすると単なるふざけあいと思える身体接触に対しても極度の警戒心があり、たえず注意している。

例：高校生男子二名がふざけて背中に乗っかる。直ちにスタッフＢは「やめろ」と大声で言う。私に身体的なふざけ合いはけんかに繋がると説明する。

例：室内で棒を振り回すこと、ボールを突くことも禁止され、取り上げられる。卓球ラケットで友達の頭を叩いた黒人小学生は入室を禁止された。

・大人への尊敬（服従）―スタッフに従うことを「スタッフを尊敬（レスペクト）しなさい」ということばで常に指示する。

例：スタッフをふざけてからかった男子がいた。その子は、入室禁止にされた。六週間後に「話し合い、反省したので」入室が許可された。

・時間の厳守―各活動の開始時間、終了時間は厳格に守られる。

・生活習慣の形成

例：スナックを食べる前に手を洗う。入退出時にドアを閉める。物を投げない。ゴミをひろって帰るなど。

・年少者への配慮―高校生に対してリーダー役となって年少者を世話することが指示される。

例：スタッフは年長者が年少者に手を貸すよう指示する。「そばへ行って教えてあげなさい」、年長者が年少者とゲームをするときは、「小さい子が危なくないよう気を付けなさい」など。

(c) ベトナム・コミュニティ生活者としての責任形成

さらに、もう一つ子どもたちに形成される重要な規範は、Eビレッジという特有のベトナム系コミュニティに生活する者としての責任形成である。センター活動は、彼らにベトナム・コミュニティにおける社会的責任形成の場となっている。

センターはコミュニティに開かれたオープンスペースとなっており、放課後クラブの時間帯でもＥビレッジの住人が頻繁にセンターに入ってくる。ベトナム系住民はスタッフに電話の取り次ぎを頼んだり、英語の手紙や通知を翻訳してもらいに来ることが少なくない。そうしたときは、スタッフはすぐにティアンたち高校生を呼んで翻訳や通訳をさせる。買い物に行きたい足の不自由なベトナム人高齢者が付き添いを頼みに来て、高校生が借り出されることもあった。ネイバフッド・センターはこうした大人たちの訪問を積極的に受け入れ、支援をしている。こうした活動から子どもたちはベトナム人成人達との接触を増やし、ベトナム系コミュニティの中で責任ある役割を学んでいるといえよう。

おわりに——ダイアード型支援からネットワーク型支援へ

アメリカでも日本でも異年齢間集団が自由に接触し、豊かな社会経験を通して他者との共感能力や対人関係力を形成していく時間と場所が失われてきていることが指摘されている。[11] 日本では、その問題解決のために、子ども会、放課後クラブや学童保育など学校外での青少年活動を見直し、コミュニティの教育力を再構築しようとする運動が展開しつつある。ネイバフッド・センターの活動は、日米の違いを超えた広い意味で、若者への豊かな経験を与える「子供の居場所作り」の一つのモデルを提示していると思われる。

つまり、私が前章までにくりかえし主張したように、単一の主体によるダイアード型支援ではなく、複数の主体によるネットワーク型支援による効果的な支援のあり方がネイバフッド・センターの活動に見いだせるのである。センターに参加する子どもたちは、スタッフだけでなく複数のボランティアが提供するゲームやコンピュータ指導など多彩な資源に方向付けられることで、興味・関心に応じた小集団活動へ参加が可能となっている。また、年間を通して他組織が提供する多彩なプログラムが参加意欲を高めている。一つの団体では提供が困難な柔軟な活動をネットワークによって実現することで、毎日三〇人、四〇人といった多数の子どもへの高い参加動機付けを与えているといえよう。

市民社会形成における市民組織の多層的なネットワークの重要性を指摘したパットナムは、組織間の垂直的ネットワークは社会的信頼や協力を維持せず、逆に組織間の水平的関係が組織間の信頼を高め、情報の流通を活発化していくという。[12] ネイバフッド・センターの放課後クラブは、トゲザーが他の組織を統轄する垂直関係ではなく、異なる機関の得意分野が相補うことで効果的な支援活動が実践されていた。ネイバフッド・センターの事例は、一つのＮＰＯでは調達しがたい多様な支援環境を、組織の水平的関係によって創出するネットワーク型支援の特性を明確に示しているといえよう。

［注］

1　トゲザー・ホームページ（二〇〇七年一月三〇日：http://www.thurstontogether.org/）

2　英語では通常After-school Programと呼ばれる活動を、ここでは『放課後クラブ』と訳した。トゲザーの運営する放課後クラブの概要は、トゲザーの次のホームページを参照。http://www.thurstontogether.org/ncenters.htm（二〇〇七年一月三〇日閲覧）

3　調査対象とした一五名のプロフィールは次の通りである。

	男子	女子	合計	年齢
中学生	三名	一名	四名	一三歳（二名）、一四歳（二名）
高校生	七名	四名	一一名	一四歳（一名）、一五歳（二名）、一六歳（三名）、一七歳（五名）
合計	一〇名	五名	一五名	

4　野津隆志「アメリカの教育支援ネットワーク（第二章）―小学校における学習支援者たち―」（兵庫県立大学人文論集四〇巻二号、一五一―一八頁、二〇〇五年三月）。

5　連邦住宅都市開発局ワシントン州の「ベスト・プラクティス」については、次のホームページを参照。http://www-domino4.hud.gov/NN/nn_news.nsf/5de96c70c46be12085256a220073a011/c2e7d1ce19a97d31852569380059 7dad?OpenDocument#A23（二〇〇七年一月三〇日閲覧）

6　「六二人」というのは少し大げさである。実際にセンターに来る子ども数は私の調査では平均四〇人位である。

7　「特集　地域ネットワーキングと異文化教育」（『異文化間教育』一八号、二〇〇三年）。

8　朴容寛『ネットワーク組織論』（ミネルヴァ書房、二〇〇三年）。

9　アンケートによる質問「ネイバフッド・センターに来る理由」の結果は以下の通り（回答は自由記述で複数回答あり）。

①たまり場（ハングアウト）だから：（六人）、②コンピュータが使える（五人）、③［注：おやつにだされる］スナックを食べる（六人）、④遊ぶため（四人）、⑤宿題をするため（三人）、⑥工作をするため（三人）、⑦おしゃべり（三人）、

⑧ゲーム(二人)、⑨ビデオ映画を見る(二人)

10 なお、ここに列挙した規範項目は、一般にベトナム系生徒は遵守している。直接注意が与えられる対象は白人、黒人生徒たちの場合が圧倒的に多い。スタッフは「ベトナム人の子どもは従順できわめて扱いやすい」と言う。しかし、ベトナム系生徒も白人、黒人への注意から、規範を確認し学んでいることは間違いない。

11 門脇厚司『子どもの社会力』(岩波新書、一九九九年)。谷川彰英著、無藤隆、門脇厚司(編集)『二一世紀の教育と子どもたち(1)』(東京書籍、二〇〇〇年)。アメリカでも同様の子どもの社会経験の不足が指摘されている。途上国とアメリカの学習過程を比較文化心理学者のロゴフは「アメリカの子どもの時間の大部分は同じ年齢で学年を作られた官僚的制度の学校で過ごしている」と批判的に述べている。Barbara Rogoff, *Apprenticeship in Thinking: Cognitive Development in Social Context*, Oxford University Press, 1990. p.185.

12 ロバート・D・パットナム『哲学する民主主義—伝統と改革の市民的構造』(NTT出版、二〇〇一年、二一二—二二〇頁)。

第五章　NPOによる職業訓練支援

この章ではオリンピアで活動するNPO「コミュニティ・ユース・サービス」(以下、CYSと略記)を取り上げる。CYSはサーストン郡の青少年支援NPOの中では最も歴史が古く規模も大きい団体である。一九人の専従スタッフと四〇人の非常勤スタッフが働いている。CYSが支援しているのは、ハイリスク・ティーンズ(問題を抱えた若者たち)やニューカマーの生徒たちである。CYSの事務所があるビルの玄関口には、いつもストリート・キッズと呼ばれる行き場がない若者たちがたむろし、ビル裏の駐車場では、スケートボードで遊ぶ若者たちがたばこを吹かしている。私が朝方、事務所を訪問すると、この建物の廊下で夜を明かした若者たちが寝そべっていることもあった。

ここでは、ＣＹＳの事業の中からアジア系ニューカマー生徒が多く参加している職業訓練プログラム（正式名称：ワークフォース・デベロップメント・プログラム）を取りあげる。このプログラムは、単に一つのＮＰＯによる職業技術の訓練というだけではなく、ニューカマー生徒がアメリカ社会に自立するための多様な能力向上を目指した総合的支援活動といえる。このプログラムを見ていくことで、アメリカのＮＰＯのニューカマー支援能力の高さが理解できるだろう。また、このプログラムは、多くの他組織―オリンピアの学校、企業、他のＮＰＯなど―との連携の下で実施されているため、ＮＰＯと他組織との連携の実態を詳しく知ることができるだろう。

以下ではこのプログラムの概要を紹介した後、ＣＹＳが自立支援のために学校や他のＮＰＯさらに企業などといかにネットワークを形成しているのか詳しく記述する。また、ＣＹＳによる異組織間連携はいかなる要因から形成されているのか探ることにする。

1　コミュニティ・ユース・サービスの概要

ＣＹＳは、一九七〇年にちょうどオリンピアで青少年の麻薬や非行の問題が増加したころ、市民が自発的に集まり創設したＮＰＯである。現在、ＣＹＳが支援する青少年数は約四〇〇〇人、全部で一八の青少年のためのプログラムを実施している。プログラムにはたとえば、非行、家出、家族崩壊家族などさまざまな問題を抱えた青少年を対象にした支援や更正プログラムがある。また、高校中退者への高卒資格修得や職業訓練プログラム、さらにグループホームやシェルター運営なども行っている。

さらにＣＹＳは、七〇年代後半からオリンピアに大量のインドシナ難民が流入したころより、他のＮＰＯと連携してインドシナ難民青少年のための支援プログラムを実施してきている。難民青少年を対象とした英語補習（ＥＳＬ）クラスの実施、チューターやメンターの派遣、スポーツ活動、夏期休暇中の就労実習プログラムなどを行ってきている。

ＣＹＳの事業を外部団体との関係か

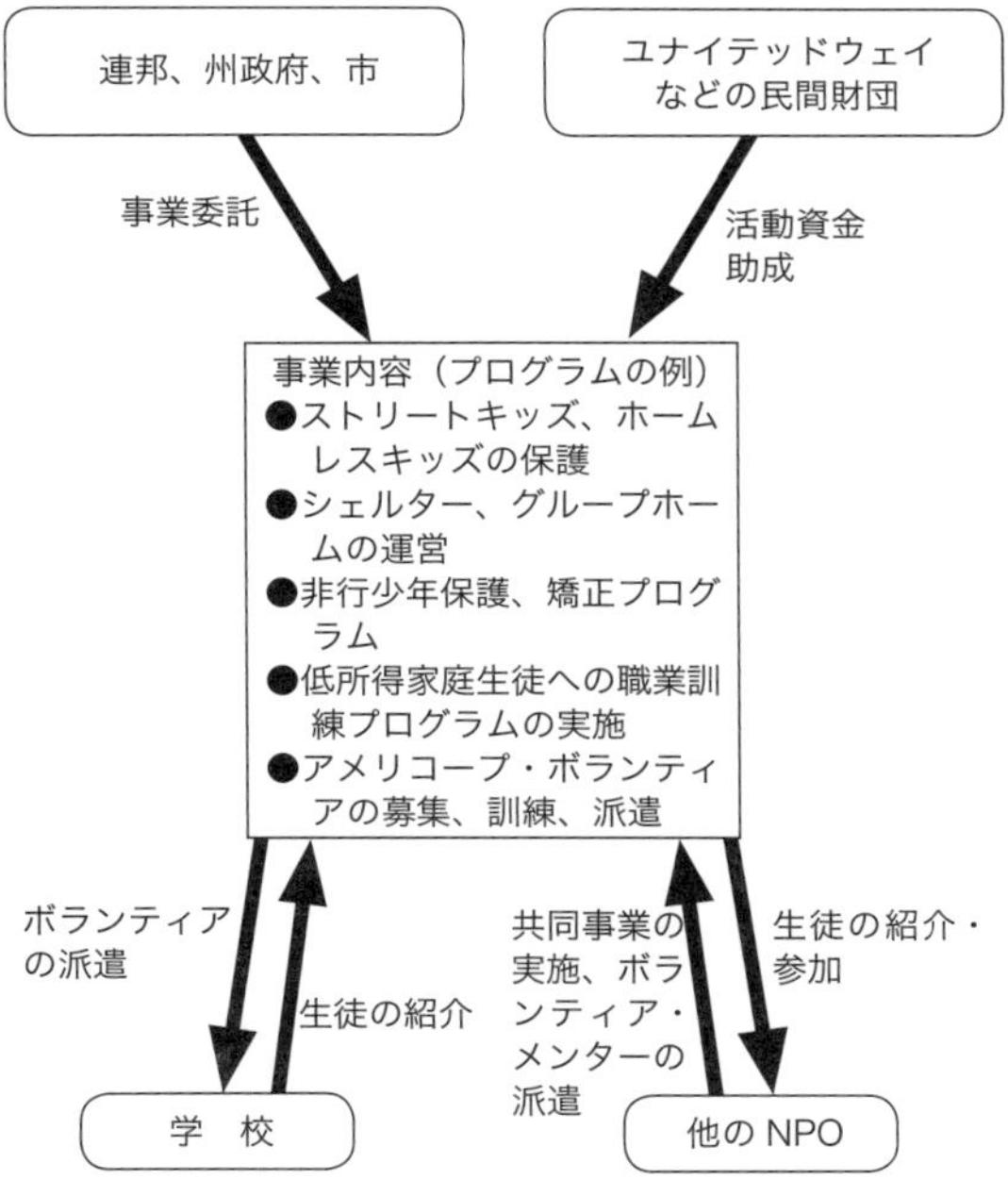

図１　ＣＹＳの主な事業構成

ら見ると図1のようになる。ＣＹＳは運営資金の面では自己収益事業はなく、主に連邦や州政府からの受託事業を行っている。例えば、前章でも述べたアメリコープ(Americorps)の運営は、連邦政府の受託事業、フォスター・プログラムは州政府からの受託プログラムである。ＣＹＳは、ワシントン州アメリコープ事務所からの受託事業として、サーストン郡で活動するアメリコープ・ボランティアの募集、訓練、派遣を総合的に実施している。ＣＹＳは二〇〇三年には八四名のアメリコープ・ボランティアを郡内の活動諸団体に派遣した。また、ユナイテッドウェイなど民間財団からの事業助成も受けている。[1]

2　職業訓練プログラムの制度的枠組み

職業訓練プログラムは、ＣＹＳが実施する一八のプログラムの中でも、四番目に大きな事業である。このプログラム専任のケースワーカー六名が配置され、約二〇〇名もの青少年がこのプログラムに参加している。はじめに、このプログラムの制度的枠組みを概略しておく。

(1)　連邦政府の職業訓練政策

アメリカでは一九八〇年代よりパーキンソン法(八四年制定、九〇年・九八年改正)により、大規模な青少年対象の職業訓練政策が展開した。まず、この法によって学校と外部機関の連携を促す仕組みが作られていった。各地域ごとに、通常の高校では開設することの困難な職業技能科目を集約的に提供する「地域職業教育センター」が作られ、学校と同センターの連携が始まった。職業科目を学校外部で受講するための教員配置、午後の時間割の自由選択化、スクールバスの配置など連携を可能とする施策がセンターの整備と同時進行していった。

また、近年日本でも注目されている「コーポラティブ教育」「青少年徒弟制訓練：アプレンティスシップ」「キャリアアカデミー」なども同時期に普及した職業訓練プログラムである。これらもすべて学校と職場との連携を通して実施されるプログラムである。本章で主題とする職業訓練プログラムの展開は、こうしたアメリカの学校と外部組織との連携作りを基本とした職業教育政策の中に位置づけられる。

さて、この職業訓練プログラムの発端は、一九九八年にクリントン政権下で誕生した「労働力投資法」の制定である。[2]この法は、連邦政府による包括的な職業訓練政策を具体化したものである。同法は主に①成人、②失業者、③経済的・社会的に不利な立場にある青少年という三集団を主な対象グループにして、彼らの雇用促進と職業訓練のプログラムを提供することを目指している。二〇〇一年度にはワシントン州で一〇二七名の青少年がこのプログラムに参加し、青少年グループ関係の総予算は約一八〇〇万ドルであった。[3]

ＣＹＳが関与するのは、この第三グループの「経済的・社会的に不利な立場にある青少年」を対象としたプログラムである。同法では、プログラム参加の適格性のある青少年は、低所得世帯の青少年（一四歳から二一歳)で、さらに学校からのドロップアウト、基本的な読み書きができない者、ホームレス、妊娠中・母子家庭の者、犯罪歴のある者など、「就労への障壁」を抱えた者となっている。したがって、このプログラムは直接にニューカマー生徒を対象としたものではない。しかし、アメリカ在住期間が短いニューカマー生徒の場合、実質的に「低所得」かつ「基本的読み書きが困難」である。そのため、CYSが実施するこのプログラムには、**表1**のように毎年数十名のアジア系生徒が参加している。

表１　就労体験プログラム参加青少年の内訳(2002年度)

登録者	198
男子	118
女子	80
年　齢	
14-18歳	152
19-21歳	46
マイノリティ数	
黒人	11
ヒスパニック系	13
ネイティブ・アメリカン	6
アジア系	39
太平洋諸島	5
有犯罪歴者数	58
妊娠中／育児中	42
就労体験後、雇用された数	40
高校終了資格取得者数	58

(2)　職業訓練プログラムの流れ

このプログラムの大まかな流れと特徴を**図2**に従い説明する。まず、参加生徒は、学校や社会サービス機関から紹介を受け、CYSで実施される二週間のワークショップに参加する。ワークショップの目的は、参加生徒一人ひとりが就労体験先を探し、就労先を決定することである。ワークショップでは、履歴書の書き方、面接の受け方を学習し、さらに心理学的適正検査、性格診断、自己の価値や将来展望、職業指向の発見や評価などがケースマネージャーの指導のもとに行われる。参加した生徒はワークショップ期間中に、希望職種を見つけ、実際に就職面接を受けに行き、就労先を決定することが目標になる。

参加生徒は、就労先が決定した後、実際の就労活動が始まる。通常三カ月間、さまざまな企業、官公庁、他のＮＰＯで毎週、最高二〇時間の就労を体験する。

このプログラムの大きな特徴の一つは、三カ月間の就労体験期

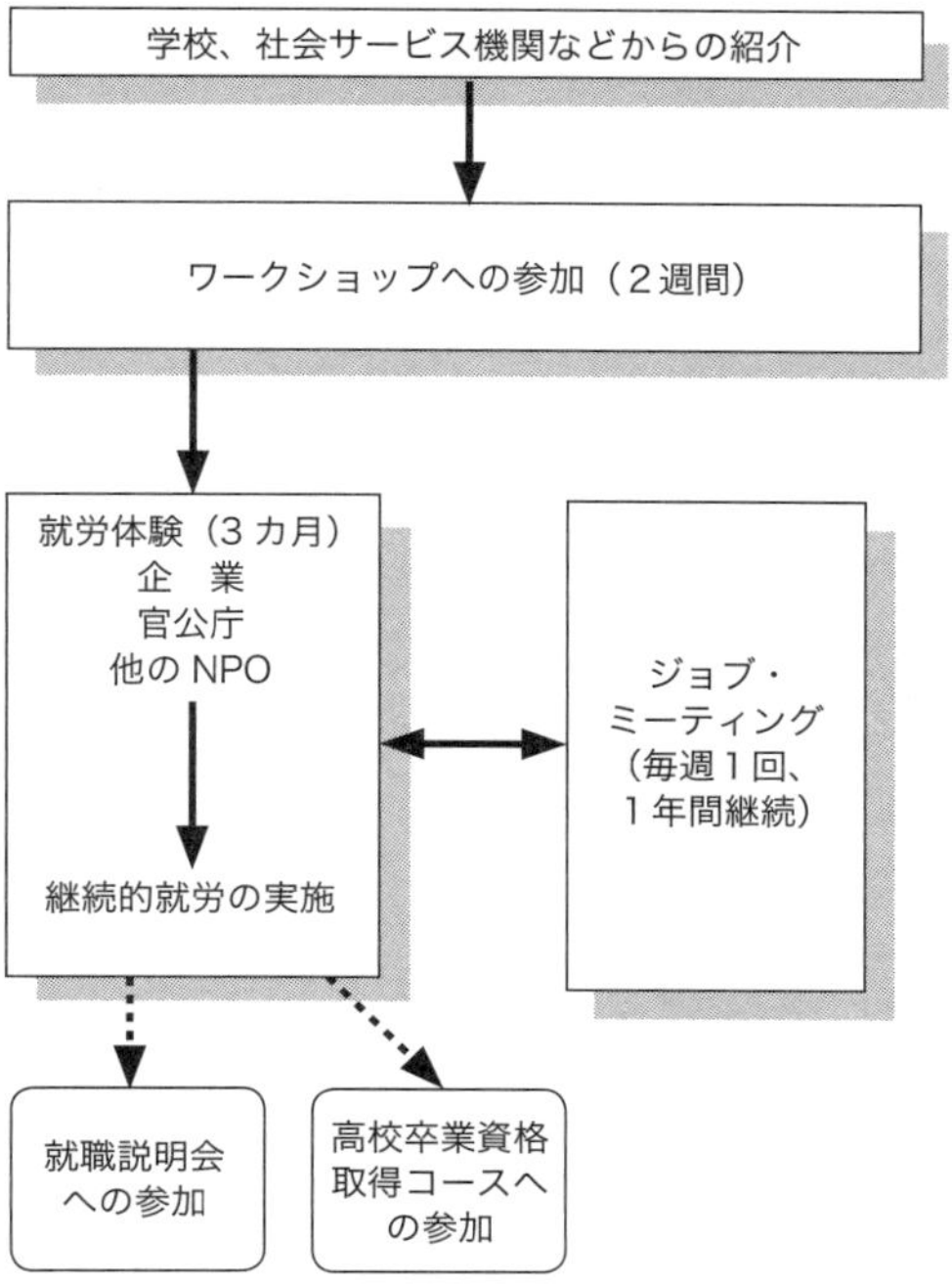

図2　就労体験プログラムの主な流れ

間をいわば「見習い期間」とし、その間の給与（ワシントン州最低賃金法に規定された時給七ドル一セント）は、生徒派遣側（ここではCYS）が負担することである。また、就労にかかる必要経費（交通費、食費、衣服、靴など）も派遣側が負担する。

そのため、就労受け入れ先（雇用者側）からすると、派遣側が身元を保証し、ある程度の基礎的技能が訓練された上で、さらに派遣側が恒常的に就労状況を監督している青少年を「ただ」で雇用することができる。三カ月の研修期間が終了後、雇用者が求めれば、今度は雇用者が賃金を負担し、正式に雇用契約を結ぶことが可能となる。したがって、雇用者側に対しては賃金負担や受け入れ時のリスク、さらに技能研修のための負担の低減をインセンティブにした職業訓練制度といえよう。

このプログラムのもう一つの特徴は、実施期間がきわめて長期に渡ることである。三カ月の就労体験期間中、また体験期間が終わった後も、毎週一回CYSに生徒たちは集まり、ジョブ・ミーティングに参加する。ミーティングでは、基礎的就労技術（パソコンやレジスター操作など）の訓練、就労先での心構えや職業倫理の学習、就職情報の交換などを行う。さらに、外部から講師を招き、エイズ予防、麻薬防止、進路相談などの講義を行うこともある。このプログラムが単に就労技能・知識の習得を目指すだけでなく、参加青少年の自立と健全育成が目的になっていることが分かる。

このプログラムでは、図2に記したように、高校中退者ために高校終了資格（GED）取得コースも同時に開催している。[4] 参加者の中には、就労経験を通してはじめて高卒資格の重要性を自覚し、週三回CYSで行われる資格取得クラスに通学しはじめる者もいる。

さらに、ジョブフェアと呼ばれる「就職説明会」も年数回実施される。そこには、サーストン郡の官公庁や民間企業の人事担当者が来て、模擬面接を行い、青少年への将来の就職に対する動機を喚起する。模擬面接によって、実際に採用が「内定」する場合もあるという。

3　ケースマネージャーによる自立のための支援

前節に述べたように、職業訓練プログラムは参加青少年の自立と健全育成を目指した総合プログラムである。青少年の指導にはケースマネージャーが直接関与し、参加青少年を長期的に支援している。そこで、ここでは私のフィールドノーツより、ケイというケースマネージャーの活動に注目して、彼女とアジア系ニューカマーたちへの支援の具体像をやや詳しく記述してみたい。

このプログラムでは、一人のケースマネージャーが三～五人の青少年グループの専属担当者となる。年間を通してこのグループで毎週ミーティングを開催し、通常、一年から二年もの長期にわたり担当する青少年との関わり合いは続く。ケースマネージャーは、学業、進路だけでなく家族生活、経済問題などの相談に乗り、両者の長期に渡る相互交流から親密な信頼関係が築かれていく。

ケイは二〇〇一年にケースマネージャーとなってから、常にアジア系ニューカマー生徒を担当してきた。私の調査時には、ベトナム、カンボジア、タイ、中国、フィリピンなどから渡米したニューカマー

写真１　ケイ（左側）とベトナム人生徒たちの制作活動

生徒の指導に当たっている。

ケイの支援方法は、「随伴型支援」であるといってよいだろう。彼女は単にオフィスの椅子に座り就労体験先を紹介したり、就労のための知識を教えているのではない。採用面接には常に同行し熱心に生徒を「売り込み」、その後も就労現場を訪ねている。また、グループ活動を企画し、自らそれに参加し、生徒たちの生活に密着しながら支援している。

写真1は『生き物の行進（プロセッション・オブ・スピーシーズ）』と呼ばれるオリンピアの祭りに出す「出し物」の制作準備をケイとベトナム人生徒五人がしているところである。ケイによれば、日頃孤立しがちなアジア系生徒が仲間と協力して出し物を作り、市中を行進することで、連帯感や社会参加の意識が形成されるのだという。

私はケイの分厚い指導記録（ケース・ノート）ファイルを、個人名を外部に出さないことを条件に、通読させてもらった。すると、彼女がいかに密接に一人ひとりの生徒に関わっているかがよくわかった。あるベトナム人女子生徒の指導記録では、ケイは二年間その生徒を担当し、その間最低一カ月に四回、最高では一カ月一〇回もの頻度で生徒に会っている。こうした日常的な密接な接触によって信頼関係が作られているのだろう。

さらにケイの支援方法は、以下に述べるように、ニューカマーの痛みに共振し、「励まし」や「力づけ」の情感を伴った共感的支援でもある。私は二〇〇三年四月から六月にかけて、毎週開かれるジョブ・ミーティングを観察した。ミーティングは異なる背景を持った青少年一五名から構成され、毎週異なるテーマで開催されている。

二〇〇三年五月のジョブ・ミーティングでは、就職先を見つけるための到達進度表(ポートフォリオ)に記入する仕方を学ぶ時間だった。この日のミーティングには九人の生徒が参加していた。三名のアジア系生徒(台湾女子一六歳、ベトナム女子一七歳、中国広東州出身女子一八歳)の他には、現在、妊娠中の白人女子、まだよちより歩きの乳児をつれた黒人女子も参加し、その子が部屋の中を歩きまわっている。アジア系の「まじめ」な生徒と「白人」「黒人」の中途退学生徒や非行歴のある少年が共に出席するため、アジア系生徒にとっては必ずしも居心地の良い場所ではない。あたかもアメリカ社会に参入したばかりのアジア系ニューカマーの居心地の悪さがそのまま凝縮して空間化した世界のようにも見える。私はアジア系生徒三名の態度に注目しながら観察した。

アジア系生徒たちはひたすら真剣にノートを見つめ、スタッフの説明に聞き入っている。周囲に関心がないのか、あるいは「白人」「黒人」の生徒達とは視線を合わせたくないためか、ほとんど周囲に目をやることはなかった。スケートボードを抱えて鼻歌を歌いながら四〇分も遅れて入ってくる白人男子がいても、アジア系生徒はまったく見むきもしなかった。アジア系生徒の真剣で無口な態度と、冗談を大声で言い合いながら参加している「白人」「黒人」の生徒たちのくつろいだ態度が対照的である。目には見えないが、小さなミーティングルームの中に「アメリカ人」と「アジア人」という集団間の境界が存在している。

ミーティングの終わり時間に近づき、ケイが次回からどういうミーティングがしたいかと質問した。白人・黒人の生徒たちはそれぞれ「もっとお互いに話し合いたい」「もっと就職活動の情報交換がしたい」と口々に話すが、アジア系生徒三名は沈黙したままである。

ミーティングが終了し、他の生徒が退出した後、ようやくアジア系生徒はケイと話し始めた。アジア系生徒は大勢の前では気遅れするためか、発言できないことが多い。そのため、ケイはいつもミーティングが終わった後、アジア系生徒たちと長時間会話する時間を設けていた。ある日のケイとアジア系生徒Sの会話の例を以下に挙げる。Sの家族は中国広東省から一年前に移民資格で渡米した。Sは現在、高校二年生で、まだ英語が苦手である。この日も、ケイは親身になりSと話していた。二人の会話から、沈黙が多いSのことばにケイが忍耐強く対応していることが分かる。ケイはたとえ断片的であっても自分の希望を表明するSの態度を励まし、力づける働きかけをしている。

ジョブ・ミーティング観察記録(二〇〇三年五月二一日)

ケイ「どんな仕事がしてみたい?」

S「うーん」

ケイ「どんなことに興味あるの？　オフィスワークはどう？」
Ｓ「うーん」
ケイ「老人ホームの仕事もあるけど。フードサービスもあるわよ」
Ｓ「……フードサービスというのはどんな意味ですか」
ケイ「食事を出したり、テーブルを片づけたり、食べ残しを処分したり、掃除したりする事だと思う。二、三時間で終わるはずよ」
Ｓ「ふうん、……」
［注：Ｓは考えあぐねて沈黙してしまった］
ケイ「じゃあ、今度までにどんなことがやりたいのか考えてきてね」
［注：しばらく沈黙した後で］
Ｓ「私、病院で働いてみたい。それができなかったら花や植物の店で働きたい」
ケイ「そう。それはいいわね。それならまず病院に連絡してみましょう。Ｓはすごいわね、すごく英語ができるようになったわね。最初に来たときは通訳と一緒だったでしょ、今はちゃんと話せるようになったから、たいした進歩よ。夏休みに病院で仕事をすれば、もっと上手になるわよ」
［注：ケイのことばにＳはにっこり笑った］
ケイによれば、「アジアの生徒はとてもシャイだ。他の生徒のように積極的に自己主張できない。他の

生徒が自分でどんどん職を探していくのに、アジアの子は黙って私の側に座って私が職を与えるのを待っている傾向が強い」という。そのため、ケイはアジアの生徒に、積極的に「食い下がる」姿勢を教えるという。たとえ最初は希望の職場に採用されなくても、採用担当者に丁寧な態度で食い下がり、自分がいかに積極的に働く姿勢を持っているかを示すよう教えているという。

ある日のミーティングでは、ケイは「食い下がる」姿勢の例として、アジア系生徒たちの前でソフィアの例を示した。ソフィアはこのプログラムに参加しているネイティブ・アメリカンである。ソフィアは、フィットネス・クラブで仕事がしたかったが、最初の面接で採用されなかった。でも、次の日もう一度行ってボスと話した、それで採用された。つまり一回目の失敗にくじけず、「食い下がり」立ち向かっていったから職を得たんだと説明した。

就労に付くまでのプロセス一つ一つが、アメリカ社会に自立していくための訓練である。ケースマネージャーの仕事は、声を奪われ萎縮している生徒たちに寄り添い、生徒たちがアメリカ社会に参入可能な勇気や態度を形成する支援活動であるといえよう。

4　組織間連携を作る制度的条件

はじめに述べたように、CYSは多くの他機関とネットワークを結び、このプログラムを展開している。このネットワーク全体が一つの自治体の異なる部門が連携する巨大な青少年支援の円環を形成しているといっていいだろう。では、このネットワークはいかなる要因からつくられているのだろうか。この節では、主にCYSと就労先との連携に焦点化し、両者の連携をつくる制度的条件の面から連携形成の要因を検討したい。

(1)　組織間連携の概要

検討に入る前に、CYSと外部組織の関係を概略しておきたい。**図3**に、プログラムの実施主体であるCYSから見た他機関との連携を示した。本プログラムには「高校」「コミュニティ・カレッジ」「他のNPO」「ニューマーケット職業訓練センター」「行政機関」「企業」が関与している。

・高　校

高校はこのプログラム参加生徒の送り出し機関である。CYSは、職業科目担当教師、ESL担当教師やカウンセラーと絶えず連絡を取り、情報を交換している。現在このプログラム参加中のアジア系生徒は、ほとんどがESL担当教師の紹介による参加である。

・コミュニティ・カレッジ

コミュニティ・カレッジは高校修了資格(GED)取得クラスを運営する。このクラスは通常週二回、CYSの建物で行われ、コミュニティ・カレッジから講師が派遣されてくる。また、コンピュータ技能クラスはコミュニティ・カレッジにより運営されている。

・他のＮＰＯ

他のＮＰＯは就労体験の受け入れ先である。また、ジョブ・ミーティングに講師を派遣することもある。

・ニューマーケット職業訓練センター

このセンターは、日本の職業訓練校に類似した公的職業訓練機関である。センターには多くの職業訓練のコースがあり、このプログラム参加者は、自己の関心や適正にあったコースをこのセンターに通い取得することが可能となっている。

・行政機関

行政機関は就労体験の受け入れ先である。また、行政機関の中でも社会保健サービス局（ＤＳＨＳ）は、担当する低所得者世帯の中からこのプログラムに参加可能な青少年を紹介している。

・企　業

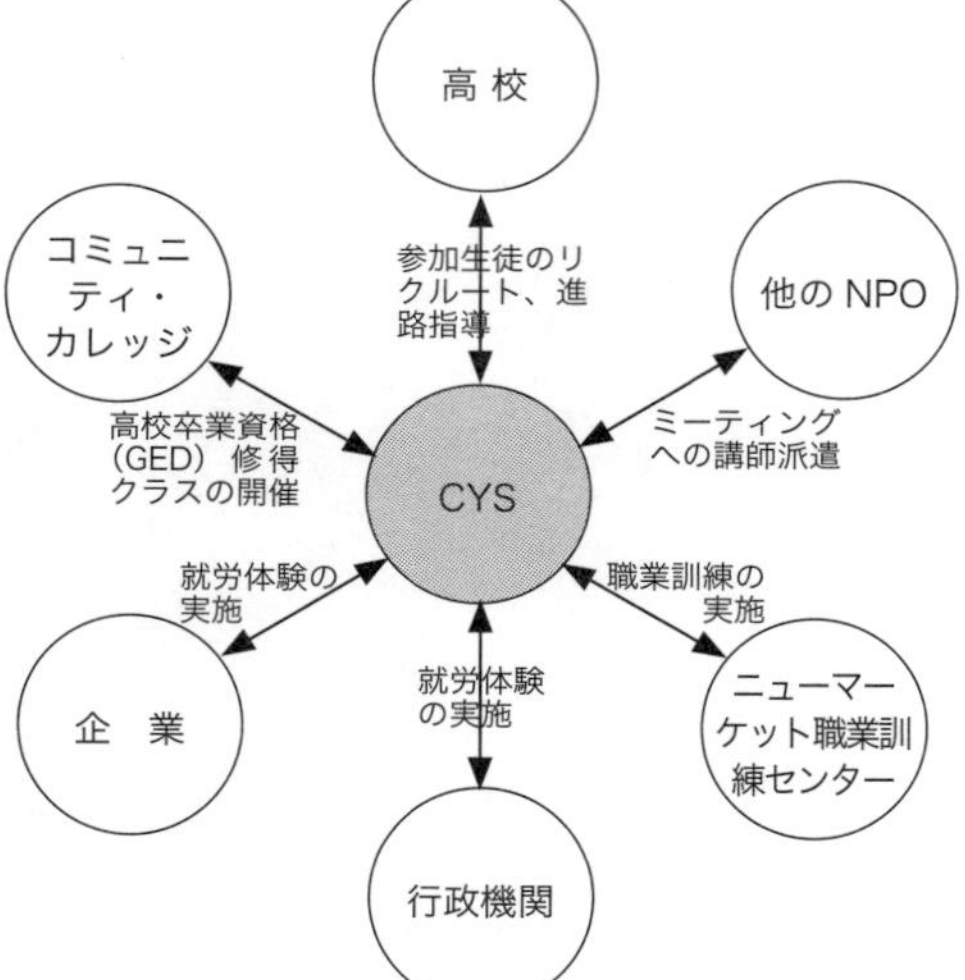

図３　就労体験プログラムによる連携

企業は就労体験の受け入れ先となっている。アジア系参加生徒の場合、例えば、小売店、スーパーマーケット、老人ホーム、総合病院リハビリテーション科などが就労体験先となっている。

(2)　労働力投資法

まず、職業訓練プログラムでは、その法的枠組みとなる「労働力投資法」が連携強化を強調していることに特徴がある。同法は行政、教育機関、産業界のパートナーシップによる労働力育成を基本理念とし、同法にはさまざまなパートナーシップ形成のための「仕組み」が規定されている。[5]

同法では、州レベル、地域レベルに設けられた労働力投資委員会(WIB: Workforce Invetment Board)に大幅な権限が与えられている。特に地区委員会(LWIB: Local Workforce Invetment Board)には、連邦・州政府より大幅な権限が委譲され、予算の配分、サービス提供者の決定、サービス実施状況のモニター、達成度評価などもこの委員会が実施することとなっている。ＣＹＳは制度上、地区労働力投資委員会から職業訓練プログラムを受託し、そのプログラムを運営する「サービス実施事業者」に位置づけられる。

同法は、サービス実施事業者に対してパートナーシップ形成を促すためのいくつもの規定を設けている。まず、委員会規定である。委員会は異組織間の公的コミュニケーションの場づくりに役立っている。州と地区の委員会には、半数以上の委員が企業経営者を含むことや、その他の委員には教育機関、ＮＰＯ代表を含む地域の就労訓練に専門知識のある者が参加し、連携してプログラムを運営することが規定され、定期的に会議を開催することを規定している。そのため、サービス実施事業者（ここではＣＹＳ）は会議で他機関とのコミュニケーションを効果的に行うため、コミュニティのさまざまな部門と計画立案時点から常に情報を交換し、協同的なプログラム運営のために努力しなければならない。また、サービス実施事業者には、事業申請時には詳細な事業計画の提出が求められる。この計画の中にはいかなる団体といかなるパートナーシップを取り事業を展開するか、前もって明記しなければならない。また、就労体験受け入れ数も数値目標として明示しなければならない。同委員会は四半期ごとに事業者の達成度を評価する。[6]

つまり、制度の仕組みがＮＰＯに対して多くのパートナーシップを形成する努力を促しているのである。ＣＹＳが同委員会に提出した二〇〇二年第四半期報告書は、いかにＣＹＳがパートナーシップ形成のために奮闘しているか記述している。たとえば、家庭裁判所と共同して、プログラム参加を青少年に呼びかける〝強力な努力〟を行ったこと、また定期的に高校へ出向き、担当者と絶えず連絡を取っていること、週二回、高校にプログラムの宣伝と勧誘のためのブースを設け、生徒に直接アピールしていること、さらにＣＹＳスタッフが職業訓練センターに出向き、参加者のリクルートと職業訓練の経過のモニターを行い、ＣＹＳの〝可視性を高める〟努力を行っていることが記されている。

また、ＣＹＳにとって就労体験受け入れ機関を確保し、雇用者側との連携を拡大していくことは、プログラム受託の根幹的条件となる。そのために、ＣＹＳは絶えず企業や行政機関にこのプログラムをアピールしている。ＣＹＳが企業向けに作成し配布したパンフレットは、次のように雇用者側にいかに利益があるかをこと細かく列挙している。

あなたはまったくコストを掛けずに、見習い従業員を雇用するプログラムをビジネスに利用できます！

ＣＹＳはサーストン郡の雇用者のために、〝賃金こちら持ち〟の訓練プログラムを実施します。あなたはこの訓練プログラムによってこのような利益が得られます。

●貴重な時間の削減！　―もしあなたが見習いレベルの従業員が必要なとき、その従業員をわれわれが捜します。

●雇用者への支払いは我々がします！　―あなたの職場で青少年が訓練を受けている間、われわれは給与、税金を支払います。

●われわれは精選して派遣します！　―あなたのニーズにぴったりの人材を捜し、送ることができます。

このプログラム担当のケースマネージャーのデスクには、分厚い『求人票ファイル』が何冊も並んでいる。地域別に分けられたそのファイルには、サーストン郡全域の企業、官公庁、ＮＰＯで青少年の既存就労先、また今後受け入れられる可能性がある職場がリストアップされている。私がケースマネージャーを訪ねると、プログラム説明のために企業に電話をし、訪問の予約をしている場面にたびたび出会った。労働力投資法は、ＮＰＯのこうした積極的な「営業努力」を促すことで、ＮＰＯと就労先とのネットワークを形成する大きな要因となっていることは間違いない。

5　組織間連携を作る組織文化

前節で述べたように、職業体験プログラムでは組織間連携を促す制度的枠組が存在し、その仕組みがＮＰＯ側の努力を促している。しかし、制度やＮＰＯ側の「営業努力」だけで連携が作られていると見なすわけにはいかない。

日本の通常の青少年の就労環境からすると、ことばの不確かなニューカマー生徒を職場に受け入れることは、雇用側にとって余分な負担を抱える可能性がある。ましてや、非行歴やホームレス歴などの「問題を抱えた青少年」を受け入れることは、大きなリスクが生じかねない。率直にいって日本では「受け入れたくない」青少年たちであろう。

先に述べたように、この就労体験制度では、派遣側が初期研修を行い、身元保証をし、就労賃金までも負担するというインセンティブを受け入れ側に与えている。このような「手厚い」インセンティブ提供は、別の見方をすれば、受け入れの困難さが歴然と存在することを示しているといえよう。

しかし、表1に示したように、二〇〇二年ＣＹＳの実績では、一九八名もの青少年がこのプログラムに参加し、実際に就労体験を行った。そのうち、アジア系は三九名、非行歴者は五八名である。日本から見ると、明らかにアメリカの雇用者は「不利な立場」の青少年に対して「開放的」であるといえよう。

このプログラムを調査する中で、私自身も、いくつもの民間企業や官公庁で行われる採用面接に同行し、面接の実際に触れることができた。私が強く印象づけられたのは、どの採用担当者たちも、生徒たちを尊大な態度で見下さず、長時間丁寧に、時にはユーモアを交えて生徒に対応していたことである。

たとえば、オリンピア市交通局の車整備助手の採用面接では、油で汚れた作業着を着た現場整備士が面接を行った。整備士は、一人の生徒の面接に三〇分以上をかけ、生徒に対して「その答え方はよい答え方だ」「その答えは聞く人に好感を与える」といった面接を受ける上でのアドバイスまでもしていた。

こうした事例は、ＣＹＳと他組織が単に青少年就労の「派遣先」と「受け入れ先」という表面的な関係を超え、ニューカマーへの寛容で協力的な質の高い連携を形成していることを示しているといえよう。質の高い連携を生み出す要因には、組織関係の基底に信頼関係が存在しているからだといえる。

ここでは、先にも記述したアジア系生徒の担当ケースマネージャー「ケイ」の仕事ぶりと彼女と私の対話の中から、信頼関係をつくる組織文化的要因を考えてみたい。以下では組織成員の持つ特有の価値、考え方に着目し、「対等性」と「寛容性」という組織と組織を結びつけ信頼を形成する価値観を指摘したい。

(1)　組織間の対等性

まず、私がケイとの会話の中で強く印象づけられたのは、彼女の就労先に対する姿勢・態度である。一言でいえば、雇用先に対する対等意識である。ケイにはNPO側が一方的に就職をお願いし、「頭を下げて」受け入れてもらうような姿勢はまったくない。また、雇用後に問題が生じた場合でも、受け入れ先に対して気兼ねすることなく、厳しく改善への注文を付けている。対等意識があって始めて相互の水平的関係が生まれ、積極的な連携作りが可能となる。以下で、二つの事例から対等性という価値観を抽出してみる。

事例1　お手伝いしましょう

ケイは次のような経緯からダラーツリー(注：日本の一〇〇円ショップのような店)に二人の生徒を就労体験に送り込んだ。

ある日、ケイは同僚スタッフと共に、ダラーツリーに行った。アジア系生徒たちとのパーティのための買い物であった。店内では、レジがたくさん閉じてあった。「どうしてもっとレジを開けないのか」と質問すると、「倉庫係が最近やめたので、レジに回す人手がない」という答えだった。そこでケイはすかさず名刺とパンフレットを渡して、次のように言った。「人手が足りないのなら、ぜひ、人事担当と話をしたい。お手伝いしましょう (I can help you)」[注：傍点筆者]

ケイは後日、人事担当と話をした。担当者は「ぜひ二名送ってほしい」と答えたという。

この事例で、ケイは堂々と「お手伝いしましょう」と述べている。I can help you. を直訳すれば、「私はあなたを助けてあげられます」となる。ケイは決して生徒の受け入れを懇願する卑屈な態度で他組織に接していないのである。逆に、人事担当者が「ぜひ二名送ってほしい」と「お願い」をしている。受け入れ先に対して対等の意識を持っていることが分かる。さらに、次のような「失敗談」からも対等意識が見られる。

事例２　無断退職の顛末

ベトナム人生徒Ｍは市立図書館で書庫整理の就労体験をしていたが、突然断りもなしにやめた。「二カ月仕事をして飽きた」のだという。ケイはＭに対しては、連絡なしに勝手にやめたことを厳しく注意した。しかし、図書館に対しても、はっきりと苦情をいった。Ｍに対する指導が不徹底だからだという。ケイによれば、「雇用者は生徒を訓練する責任がある。契約書に雇用側がすべき責任がすべて書いてある。もし生徒が決められた時間に勤務していないときはＣＹＳに直ちに連絡することと決められているのに図書館はそれをしなかった。図書館側の怠慢である」と図書館の担当者に厳しく申し述べた。私に対しても「こちらからＭに問い合わせて初めて分かった。図書館はいったいなにをしているんだ」とさかんに図書館側を批判した。

この事例からも彼女の意識の中では図書館とCYSは対等であることが伺える。組織間の対等性という意識は、教育支援NPOが他機関と協同し、水平的ネットワークを形成する上できわめて重要な価値観だと思われる。

(2)　組織間の寛容性

次に見いだされるのは、組織間の寛容性である。寛容性が重要であるのは、それが組織間の障壁を越えた協力関係を形成するからである。日本では就労体験やボランティア体験を阻む要因の一つに、体験現場(受け入れ先)での事故や問題発生への送り出し側の危惧がある。つまり相手の寛容さに期待できないため、他組織連携への不安や消極性が生じてしまうのである。仮に信頼関係のあるところでは、問題発生への危惧は低減される。たとえ事故が起こっても、相互に納得のいく「寛容な解決」が予見可能だからだ。[7] 寛容性がお互いに存在していれば、問題発生への危惧のあまり連携を躊躇するという事態が避けられる。したがって、寛容性は組織間の信頼関係を形成する基礎的価値である。

そこで、私は複数のケースマネージャーたちに就労体験の職場で生じた「事故とその顛末」について質問し、いくつもの逸話を採取した。以下に示す事例は、外部者の起こした問題に対する受け入れ側の寛容さと、寛容さを土台とした派遣側と受け入れ側の相互信頼が築かれていることを示す典型例である。

事例1　オリンピア市交通局の車両修理工場で人身事故

就労体験中、修理中の車を無断で運転し、作業員の膝を轢いて人身事故を起こした少年がいた。「そういう事故はこれからは無いようにしてくれ」と現場監督から言われただけで解決した。交通局はその後も継続的に就労体験を受け入れている（ケースマネージャーＡの話）。

事例2　事務所で窃盗

ある少年が行政機関で就労体験中にオフィスから財布を盗んだ。後日、少年とケースマネージャーはその金を返しに行った。雇用者は「戻ってこないと思っていた金が返ってきた。正直に話したのはいいことだ」といって、たいへん喜んだ。ケースマネージャーはそういうことが再びおこらないよう対処することを約束し、その後も就労体験者を定期的に受け入れてもらっている（ケースマネージャーＣの話）。

こうした逸話を聞いた後で、私はケイに質問してみた。「日本では職場で事故や盗みが生じたらこまるので、生徒を学校が就労体験に送り出したがらない。まして、人身事故が起きたら、たいへんなことになる」という私のことばに、ケイはきわめて平然とした表情で「一六歳、一七歳の何も知らない若者のやることだ。その程度のことはざらにある。だからお互いが［注：送り出し側と受け入れ側］、高い能力や判断、経験のない青少年を相手にしているんだと承知しておかなければいけない」と言う。確かに合理的な説明だが、この説明の前提には、なによりも青少年の起こした問題を寛容に受け止める信頼関係の存在があると思われる。相互の寛容性は、送り手側が躊躇することなく就労体験者の送り出す積極性を作り、結果的に組織間連携を強固にする要因となっているといえるだろう。

おわりに

以上に見たようにCYSの就労体験プログラムは、ニューカマーを含む社会的に不利な立場にある青少年の社会参加を支援する壮大なプロジェクトであった。CYSは異業種間連携の結節点となり、教育支援力を力強く発揮していた。本章で見たCYSの活動を日本に置き換えて見ると、一つのNPOが高校の生徒指導、進路指導、さらには児童相談所、労働局ハローワークなどの役割を統合し、包括的に青少年の支援をしているといえる。アメリカのNPOが単に学校や行政機関の補完的な働きではなく、対等以上の働きをしている事例といえるだろう。以下では、本章で浮かび上がってきた異組織間連携を作る価値について補足しておきたい。

本章ではNPOが連携を形成する組織文化的要因として二つの原理的価値「対等性」と「寛容性」を指摘

した。この二つの価値は、学校と外部組織の連携について経験の浅い日本の現状を考えたとき、特に重要な連携に対する視点を提示していると思われる。

まず対等性の重要性である。組織同士の水平的な関係があってはじめて両者の協力関係は作られる。対等でない垂直的な組織間関係は協力でなく権力関係を生じさせる。一方が優位に立ち、一方が劣位に立つ関係は、社会学でいうパトロン・クライアント関係(親分と子分の関係)を作り出し、いかに関係が強固でもそれは社会的信頼や協力を形成しない。また、垂直的関係は、外部に対して排他的な働きをする。[8]

ある意味で対等性はアメリカのＮＰＯの歴史そのものがつくった価値である。アメリカのＮＰＯの歴史については、終章で再び取り上げる。アメリカ社会ではＮＰＯの社会的認知度は高く、コミュニティの中での活動スペースも圧倒的に広い。けれども、やはり具体的場面では、個々の組織同士(例えば学校とＮＰＯ)の継続的な接触を続ける努力の結果として醸成されてきた価値であることも事実である。オリンピアでのＮＰＯ代表者たちへのインタビューによれば、オリンピアの教育支援ＮＰＯは、成果を見える形で常に顕在化する努力の積み重ねによって対等性や信頼性を確立していったという。したがって、日本でも組織間連携を支える対等性という価値は、ＮＰＯ自身が今後自ら成果を示すことで実現する実践的課題であるといえよう。

もう一つは寛容性である。寛容性は、お互いの失敗や誤謬を共有し、折り合いを付け、一緒に解決していく時間的プロセスから形成されている。オリンピアの調査では、組織間連携は決して「成功物語」ばかりではなく、多くの緊張や困難を抱えていた事例も多かった。CYSによる就労体験プロセスの事例に見たように、就労生徒による多くの失敗や事故がどこでも発生していた。しかし、失敗や事故が起こったとき、彼らはそれを一緒に解決し、またその関係を継続するよう努力してきたことに注目したい。

「しょせん若者がすること。問題が起こるのは当たり前」というスタッフ・ケイのことばが印象深い。このことばは直接的には就労体験場面で問題を起こしたニューカマー生徒に対する寛容さを示しているが、間接的には受け入れ側への寛容性の期待表明でもあるだろう。組織同士が信頼に値する存在であることを理解するにはやはり時間的プロセスが必要である。日本でも寛容性という価値が組織間に共有されるには多くの時間と失敗が積み重ねられる必要があるといえるだろう。

[注]

1　二〇〇〇年度CYSの総予算は四一三万ドル(約四億五〇〇〇万円)。職業訓練プログラム予算は約四五万ドル(約五〇〇〇万円)である。

2　大寺廣幸「米国の労働力開発・人材育成の取組み」(『郵政研究所月報』二〇〇二年六月六八―七七頁)。経済産業省『通産白書二〇〇二年』(http://www.meti.go.jp/hakusho/tsusyo/soron/H14/)。上西充子「公共職業訓練の国際比較研究(アメリカの職業訓練)」(日本労働研究機構資料シリーズ、一九九九年)。

3　WORKFORCE INVESTMENT ACT OF 1998(PUBLIC LAW 105-220-AUG. 7, 1998) http://www.doleta.gov/usworkforce/wia/act.cfm. ワシントン州の実施概要については、Annual Progress Report Workforce Investment Act in Washington State

による。

4　藤田晃之「アメリカにおける若年就業支援政策の特質と課題」（労働政策フォーラム「教育から職業へ―欧米諸国の若年就業支援政策の展開」資料、二〇〇四年）。藤田晃之「アメリカにおける若年者就職支援の特質と課題」（『諸外国の若年就業支援政策の展開―ドイツとアメリカを中心に―』労働政策研究報告書 No.1、労働政策研究・研修機構、二〇〇四年）。

5　本法の簡潔な解説は以下のページを参照（http://www.doleta.gov/usworkforce/wia/plaintext.pdf）。

6　同法では、訓練サービス事業者は訓練受講満了率、就業者数、就業賃金、訓練所用費用などを開示するアカウンタビリティの原則が明示されている。同法のアカウンタビリティについては終章も参照のこと。

7　異文化コミュニケーション研究による「不安・不確実性制御理論」では、互いにあまりよく知らない関係のため、相手の能力、ニーズ、考え方、行動パターンなどについて情報が十分に得られていない時、相手への不安や不確実性が強まり、コミュニケーション欲求も低減するといわれる。Gudykunst, William B. "Anxiety/Uncertainty Management (AUM) Theory: Current Status", in Wiseman, R.L. (ed.) *Intercultural Communication Theory*, Sage Publications, pp.8-58. 1995.

8　富永健一『経済と組織の社会学理論』（東京大学出版会、一九九七年）。

NPOの活動に参加するベトナム人女子生徒たちによるベトナム舞踊練習風景。

第六章　高校におけるネットワーク型学習

本章では、高校生ニューカマーの参加する授業過程を微視的な視点から検討し、多様な支援者が授業に参加することによって形成される「ネットワーク型学習」が持つ効用を示したい。具体的には、私が行ったN高校での調査を素材とし、ベトナム系ニューカマー生徒が教室で教師や支援者たちといかに関わっているのか詳しく見てみたい。以下では私が調査中、最も頻繁に接したベトナム人高校生たちに焦点を置き、学校の教室場面というミクロな空間の中で生じる一連の相互活動を社会的学習理論の視点から記述し、ネットワーク型学習がニューカマーの生徒の学習に対していかなる有効性を持つのか考えたい。

1　社会的学習の視点

社会的学習(あるいは状況的学習)理論は、子どもが知識や技能を習得する過程を社会的状況や集団との関係から捉えようとする学習理論である。[1] 社会的学習理論では、学習の過程を、知的・認識的側面だけでなく、言語活動、身体活動、アイデンティティ形成なども含めた「全人格的な社会的プロセス」と捉える。また、学習を集団や共同体内に配置された人や物的資源へのアクセスとして捉え、「人や物的資源の空間的配置や相互作用」に着目する。

社会的学習理論の立場に立つアメリカの心理学者ロゴフは、人類学的調査に基づき開発途上国とアメリカの育児に関する興味深い比較研究を行っている。[2] ロゴフは、先進国の子どもの発達が、「母と子」、「教師と生徒」といった固定的なダイアード(二者関係)から組み立てられていることを批判する。逆に途上国では、多数の兄弟姉妹、祖父母、近隣者との多様な関わりのウェッブ(網)から発達が促され、豊かな経験が獲得されていることを指摘している。さらに、ロゴフはそうした多様な人々との関わりのウェッブが、子どもの効率的な社会参加をガイドする(案内する)という過程を強調し、「支援された参加(Guided participation)」という概念を提示している。

本章では、ロゴフの視点を借り、ニューカマーたちが受講する高校授業の場面を共同体への「支援された参加過程」としてとらえ、ニューカマーと支援者たちがつくるウェッブの特性を詳しく見てみたい。

ここで支援された参加過程という視点に着目するのは、まさにアメリカという異文化世界に参入するニューカマーたちが、様々な支援者と関わりながら参加度を高めていく過程が詳細に記述できると考えるからである。以下では、教室という小空間で生じる「社会的プロセス」や「人の空間的配置」などを考察することによって、多様な支援者を様々な場面に配置する「ネットワーク型学習」の意義や重要性を確認してみたい。

なお、本章では、第三章で述べたN高校での調査を中心に取り上げる。学校調査では、マイクロ・エスノグラフィーの手法を用いて、学校の微細な社会的学習過程を記述した。マイクロ・エスノグラフィーとは限定されたフィールドに生起する微細なユニットに着目し、人々の生きている意味世界を当事者の文脈に沿って解釈的に分析する手法である。[3] 私は約半年の間、毎週一日ずつ調査学校に行き、授業開始から授業終了までを繰り返し観察した。

2　ネットワーク型学習とは

ここで、本章で用いる「ネットワーク型学習」という概念について、前章までの記述を参考にして大まかに説明をしておく。まず、第二章では小学校での放課後学習クラブで指導責任者の「補助教員」に加えて、保護者、大学生高校生、地域、シニアなどさまざまな背景をもつ外部のボランティアたちによって一連の学習活動が運営されていることを述べた。次に、第三章では高校のＥＳＬクラスで、正規教員に加えて、大学生の「インターン」と高校生の「ＴＡ（ティーチング・アシスタント）」、また外部ボランティアを配置して授業が運営されていることを述べた。さらに、第四章では、ＮＰＯによる放課後クラブで、ＮＰＯのスタッフに加えて、常にアメリコープから派遣されたボランティアたちが活動に参加している実態を述べた。

これら三つの場面に共通する特徴は、多様な外部の人材が学習空間に参加し、ニューカマーの学習が支えられていることである。つまり、正規の指導責任者と連携した「複数指導体制」が取られ、学習が展開している。また、活動への参加者達は一つの空間の中で同一の活動（組織的な一斉授業活動）をするのでなく、小集団活動または個別的活動が展開していることももう一つの特徴である。したがって、ネットワーク型学習とは、「複数指導体制」による「小集団・個別活動」への支援である、とひとまず定義しておくことができる。この定義に従うと、ネットワーク型学習の分析では、まず誰が支援者となり、どう役割を分担しているかなど複数指導体制を担う人々がどういう関係か、また小集団ごとの学習（活動）内容を明らかにする必要がある。以下では、これらの点に注意しながら考察していくことにする。

3　N高校におけるベトナム人ニューカマーの授業参加過程

まず、N高校に通学する二人のベトナム人高校生（FとTn）の授業への参加過程を、(1)コンピュータ授業、(2)理科授業、(3)ESL授業の場面に分け、共通する特徴を見てみよう。

(1)　Fのコンピュータ授業参加

Fは二〇〇三年初頭にベトナムから家族と共に渡米した女子生徒であった。私がFに最初に会ったのはその年の二月である。その後、私は五月までの約一〇回、Fの授業を観察し、その過程で彼女の大きな変化に接した。入学当初は脅えるような硬い表情でESLクラスの席に縮こまっていたFは、四カ月の間にしだいに明るい表情と積極的に授業参加する態度に変わっていった。彼女の変化に、教師や支援者はいかに関わったのだろうか。まず、彼女のコンピュータ授業への参加過程から見てみたい。

アメリカの高校では、コンピュータは生徒が学校生活に参加するために必須の道具である。ウェッブサイトで宿題の課題を調べ、ワープロでレポートを書き、メールで教師に連絡・質問することが毎日の学校生活に組み込まれている。学校からの連絡情報を学校のウェッブサイトでチェックし、提出書類のダウンロードもコンピュータの技術がなければ不可能である。

Fはアメリカに来るまでコンピュータに触れたことがなかった。さらに、英語もほとんど学習した経験がないため、英語のテキストも読めず教師の説明も十分理解できない。こうした初学者段階のニューカマーは、いかにコンピュータ技能を習得していくのであろうか。

コンピュータ・クラスの担当教師Hは、クラスの生徒を「英語ができる者：イングリッシュ・スピーカー」と「英語ができない者：ノン・イングリッシュ・スピーカー」という区別で呼ぶ。このクラスで「英語ができない者」とはFともう一人のESL生徒G（マーシャル諸島出身）の二名である。教師Hは、この二つの集団に対して異なる授業方法をとっている。

すなわち、「英語ができる者」つまり「アメリカ人生徒」には、教師は直接コミュニケーションをする。教師が英語で説明し、それに対して生徒はそれを聞き取り、自発的に質問し、教師を引き寄せ、授業に参加している。

一方、「英語ができない」FやGに対しては、教師はニューカマーの母語が分かる友人を配置し、友人に教師の指示を通訳させて「間接コミュニケーション」をしている。つまりニューカマーの友人たちが学習支援者となっている。

コンピュータ・クラスでのFの支援者は、同じクラスを受講しているベトナム人生徒Dである。Dはコンピュータ・クラスの時間は、常にFの隣に座り、分からないことばを通訳し、やるべき課題の手伝いをしている。Gも同じマーシャル出身生徒が隣席に座り、母語を使って学習を手伝っていた。つまり、「英語ができる者」と「英語ができない者」は、同じクラスにいながら、まったく異なる対教師コミュニケーションをしているのである。

ある日の「商用手紙文の書き方」を練習する授業場面を私のフィールドノーツから記述してみる。

二〇〇三年三月二四日のコンピュータ・クラス

教師（クラス全体に対して）：「ノートとペンを出して下さい。名前を上に書いて下さい。紙に書くフォームは決まっています」

F：教師の説明が分からず、隣の席のDに尋ねる。Dは課題を通訳する。

教師（クラス全体に対して）：「本を閉じて下さい。ノートに一行おきに一から六まで番号を書いて下さい。手紙文を書くときの形式に六つのポイントがあります。それをノートの順番に書いて下さい。その文を画面を見ながらタイプして下さい」

F：眉間にしわをよせ、困った顔をする。［Fは教師の指示が理解できない時、いつも同じ表情をする。］

教師：Fの隣に行き、Dに説明するように指示する。Dは説明を始める。

教師（クラス全体に対して）：「スペースをどれだけあけるか、注意しなさい」

白人生徒（質問する）：「最後の行はスペースをあけるんですか」

F：Dの解答を見てそれをそのままノートに写す。

D：Fのノートに鉛筆で指さして、一つ一つ説明していく。Fは眉間にしわを寄せながら、真剣に

Dの説明に聞き入る。二人は顔を寄せ合って一対一で解答を書く作業をする。
教師(クラス全体に)：「解答ができた人、前に来て書いてください。誰かボランティアはいませんか。できた人はタイプ練習を始めなさい」
当てられた生徒たちが書いていく。
FはDのタイプ練習を見ながら、同じ練習を繰り返す。……(略)……

このごく短時間の場面を見ても、「英語のできるもの」と「英語ができないもの」との活動の大きな違いが見られる。ここでは、後者であるFのコンピュータ技能の習得に関わる特徴を見てみよう。まず、Fのコンピュータ技能習得は、Dの作業を模倣し観察する活動から実現されていることに特徴がある。教育人類学の教科書では、学校普及前の伝統社会では、子どもの学習が「模倣」と「観察」の「非定型的学習」によって行われているという一般的事実を指摘している。[4] Fの場合は、Fの模倣と観察の対象はけっして教師ではなく、まさにDという支援者である。

周囲のものから新参者がアドバイスを求め、新参者がその場その場で技術を習得していく相互関係を、福島真人は「即興の徒弟制」と呼んでいる。[5] 労働現場では「即興の徒弟制」が頻繁に生じ、日常的なルーティンが可能となっているといわれる。まさに、FとDの関係は、即興的な師弟制を作り、コンピュータ作業技能が習得されているといえよう。

私の観察のよると、ベトナム人生徒たちは昼食時間でも同じテーブルを囲むことが多い。FとDは昼食時にはいつも席を隣同士に座り、いつまでもおしゃべりをしていた。Ｆの場合、親密な友人でもある支援者がいることで学校生活への漸次的参加が可能となっている。

このコンピュータ・クラスのもう一つの特徴は、教師の役割である。担当教師は意図的にＦの隣にＤを座らせ、Ｄに直接指導を委ね、適時二人の作業に介入していた。担当教師とのインタビューによれば、「英語ができない者」がこのクラスを受講するときには、母語でコミュニケーションできる生徒を捜し、その生徒にできるだけ同じクラスを受けさせ、さらに隣に座らせるように授業を工夫しているという。つまり、担当教師の役割には「教授する」ことだけでなく、ニューカマーに対して間接コミュニケーションを媒介するための支援者を「アレンジする」役割が重要なのである。

(2)　Ｔｎの理科授業参加

ベトナム人男子生徒Ｔｎも私の調査開始時には、まだアメリカ在住三カ月目であった。彼はＥＳＬクラス内では「ひょうきん者」で、大声でわざとベトナム語風に英語を発音し、クラス中がどっと笑うこともあった。しかし、ＥＳＬクラスではない通常の各教科クラスへ参加した場面では、他の「英語ができる」生徒とコミュニケーションができないため、沈黙し孤立していた。しかし、Ｔｎの場合は、次のような支援者との「擬似的姉弟関係」のような親密さの中で学習が実現されていた。

Ｔｎは理科授業を受講するとき、学習を援助する「メンター」とともに授業に参加していた。メンターとは「よき指導者」、「先輩」といった意味で、Ｔｎのメンター役は同じベトナム人生徒であるＹである。Ｙも、年少のころ、家族とともに渡米した。現在高校二年生である。Ｙは理科の授業中、Ｔｎの横に座り、授業の内容、課題を逐一ベトナム語で通訳し、Ｔｎの授業を援助していた。Ｙはメンターとなった動機について次のように述べている。

高校に入ってからずっとメンターをしている。人をヘルプするのが好きだからメンターになった。自分はベトナム語で説明できるから、[英語がまだできない]ベトナム人生徒の助けになれると思う。人に教えると自分の勉強にもなる。とても楽しい。[二〇〇三年五月四日インタビュー]

ＴｎとＹの授業中の関係は、厳しいお姉さんに鍛えられている弟のようである。フィールドノーツからある日の理科授業の様子を再現してみる。

二〇〇三年五月六日

一時一五分　Ｙは、Ｔｎの席の隣に座った。教師の指示を通訳し、一通り解法を説明した。Ｙは説明し終わると、まったく笑い顔を見せないで、じーとＴｎがノートに解答を書いていくのを見ている。Ｔｎはなかなか答えが書けないで困った顔をしている。クラス全体は、隣同士冗談を言い合い、ざわついた雰囲気であるが、ＹとＴｎが座る空間は緊張感が漂っている。Ｔｎは、まるで姉に叱られるのを恐れる気の弱い弟のようだ。
二時一〇分　Ｙの厳しい個人指導が続く。ＹはＴｎのテキストに顔を寄せてほとんど休みなく説明し、細かいところまで目を配って指導しているように見える。
二時一五分　授業時間終了のチャイムが鳴り、退出する生徒が出てきた。しかし、Ｔｎはまだ解答が終わらない。ＴｎはＹににらまれ、困ったような顔をしながら解答を書いていく。Ｙはやっと顔を上げた。あたりを見渡し、あらもう時間かしら、といった表情をした。……（略）……

理科教師によれば、「メンターであるＹはとても優秀である。新学期が始まるときはいつも、ＥＳＬクラス生徒のメンターが出来る生徒を探して登録させるためにたいへん苦労する。メンターがいないと授業が成り立たないからだ。メンターがなかなか見つからないときは、必死に探し、可能性のある生徒にかたっぱしから電話する」ということだった。こうした話からも、教師がメンターという支援生徒の重要性を認識していることが分かる。

(3)　ＦのＥＳＬクラスへの参加

これまでの(1)(2)で見た授業は、友人やメンターに指導を任せるいうなれば「個別指導」が行われていた。ここで述べるＥＳＬクラスは、「個別指導」との対比でいえば、「小集団指導」の体制がとられている。

ここでは(1)で述べた生徒Fが参加しているESLクラスの特徴を見てみたい。N高校のESLクラスでは、担当教員に加えて、常に外部のボランティアであるKと、同校の高校生が「PT(ピア・チューター)」として学習補助に参加していた。Kは第三章で述べたように、ニューカマーのための「支援プロジェクト」を一人で立ち上げ、他の学校やNPOとも協同し、十数人のニューカマー生徒の生活全般にわたる援助を長年継続している女性である。

まず、担当教師と補助者たちの関係から見てみる。私が観察したこのクラスでは、授業の始まりや半ばで、担当教師Aを中心にボランティアとチューターは簡単に「打ち合わせ」を行う。担当教師とボランティアは、「今日はここからここまで、この生徒たちを相手にやってください」「OK」というごく簡単に打ち合わせだ。担当教師は、PTに対しても「誰と誰の作文を見てやって下さい」と指導役割を分担し、後はPTに生徒の指導を任せている。ごく短時間で打ち合わせは終わり、各自がさっと小

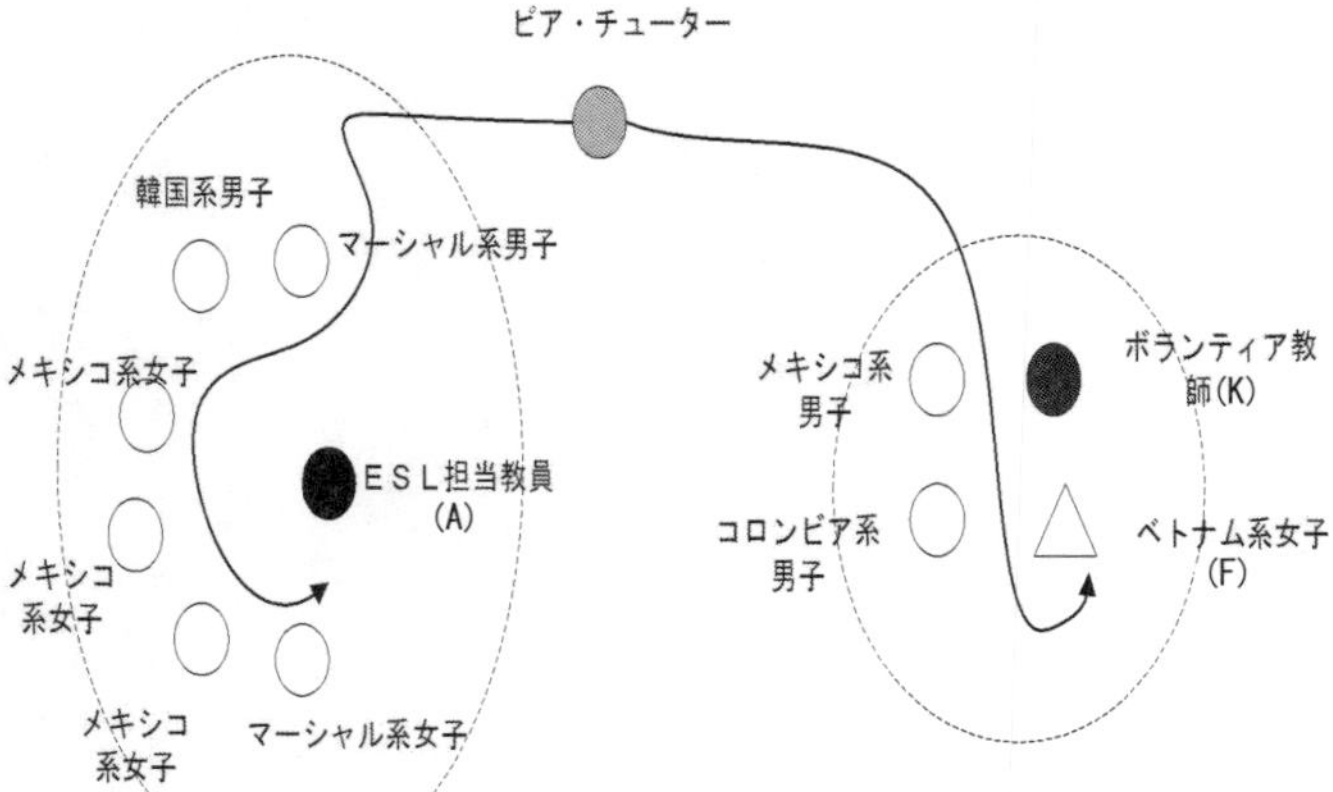

図1　ESLクラスの指導形態

集団の中に入っていく。そのため、担当教師と支援者の関係は、かなりの程度、独立した対等の指導者同士のように見える。

ある日の空間配置を**図1**に示した。この日は「二グループ分割型」の小集団が組まれている。PTは、二集団の間を自由に行き来し、スペリングのチェックや質問に答え個別的指導をする。もちろん、状況に応じて、学習形態は柔軟に変形し、作文の発表などでは一斉指導が行われることもあった。

たとえグループが分割されたとしても、グループ間の垣根は非常に低く、グループを越えて自由に言葉を交わし、冗談を言い合い、なごやかな雰囲気で授業が進んでいた。たとえば、Fがトラベルエージェンシー（旅行代理店）の意味が分からないとき、隣に座ったボランティアKもそのグループの誰もが意味を説明できなかった。そういうときも、別のグループからの生徒がやって来て説明し、Fは意味がようやく理解できた。

Fは私の調査開始時点では、いつも眉間にしわを寄せた硬い表情であったが、二カ月後にはボランティアKに自発的に話しかけ、頻繁に質問ができるようになっていった。あるとき、Fは「クラブ！」「クラブ！」と手を使いジェスチャーを交えて説明したが、誰も何のことか分からなかった。Fは何度も説明を重ね、絵を描いて見せ、結局「カニ：*Crab*」のことだと分かった。二カ月の間に、彼女にはもの怖じしないで相手が分かるまで何度も説明する積極的態度が形成されてきたことを示している。

Fは、私が観察して四カ月めにはさらに大きく成長した。コンピュータ技能を完全に習得し、電子メールを友人とやりとりしたり、ベトナム情報のサイトを検索したりと、コンピュータを楽しみのツールにまで使いこなすことが出来るようになった。私に対しても明るい表情で自分の方から「ハイ！」と挨拶し、私の質問に対しても「私はコンピュータが好きだ」と笑顔で答えられるようになった。社会的学習の視点から見れば、学校という共同体への参加度が高まっていったといえよう。

ニューカマー生徒Fの場合もTnの場合も、彼らが所属するESLクラスはニューカマーが共に学びあう共同体といってよい。親密な人間関係を基調とした共同体である。ニューカマーにとって、ESLクラスへの参加は、この学級共同体へのアイデンティティ（帰属意識）が形成され、共同体への参加度が高まっていく過程であるといえよう。

4　ネットワーク型学習の効用——フォーメーションとハドル

以上でN高校におけるニューカマーの授業過程をやや詳細に見てきた。すでに見たように、授業という学習共同体への参加過程には、教師だけでなく友人、チューター、メンター、さらにボランティアなど多様な支援者が幾重にも重なり、深く関わっていた。ネットワーク型学習では、教師が単独でニューカマー生徒の学習指導を受け持つのではなく、ニューカマー生徒たちの必要に応じてさまざまな支援者との連携を構築することで彼らの学習を援助しているのである。

私は本章で紹介したアメリカのネットワーク型学習は、「アメリカンフットボール」の比喩からうまく説明できるのはないかと思う。アメリカンフットボールでは、クォーターバックが中心となり、試合の始まりと次のプレイの前にハドル(円陣)が組まれる。ハドルではクォーターバックが、次にいかなるフォーメーション(陣形)を使い攻撃するか指示を出す。打ち合わせが終わると、選手はさっとフォーメーションの位置に着く。

上に見た担当教師たちはいわばクォーターバックのように、授業の開始時や授業の途中で支援者たちとハドルを組み、いかなるフォーメーションを取るか、各支援者がどんな指導をするか指示を与える。他方、各支援者たちはちょうどアメリカンフットボールで敵陣の間を駆け抜けるランニングバックのような役割を果たしている。ランニングバックは、ハドルの中で決められたフォーメーションに従い、敏速に走り、ボールを受け止める。N高校の支援者たちは、ランニングバックのように、正確に担当教師の指示を受け止め、臨機応変にニューカマーに寄り添い、学習を支援する役割を果たしている。さらに、フォーメーションは一つではなく、授業課題や学習者の状況によって、個別学習(分散型フォーメーション)やグループ学習(分岐型フォーメーション)といった陣形に適時変形されていくのだ。

ところで、上野によれば、一つの職場共同体で熟練者は実は行為の流れを支配しているのではなく、「方向づけ」をしているにすぎないといわれる。[6] アメリカンフットボールにこの指摘を置き換えてみるならば、教師の「方向づけ」の役割は、クォーターバックとして支援者をいかに配置し、支援者に何をさせるか指示していく役割であるといえる。事例に見たように、教師はニューカマーの学習のために必要な支援者を学校生徒の中から募集し、探し、配置していた。英語の不慣れなニューカマーがいるクラスでは、支援者に対しては授業の筋道を示し、参加への橋渡しの役割を支援者に与えている。したがって、ネットワーク型学習における担当教師の役割の重要な一つは、適切な支援者を適切な位置に配置するというフォーメーションづくりであるといえる。

私は前述の高校で調査を始めたとき、どの調査場面でも何が起こっているのかよく分からない「展開の分かりにくさ」を感じた。それぞれバラバラの活動が平行して生じているように見えるのである。しかし、この分かりにくさを反省的に考えてみると、それは私が日本の一斉授業に慣れた目から見ていたため、異なる授業活動の同時展開が統一性のなさ、画一性のなさに見えたこと、また授業を統括する単一の指導者像が見えにくいことから来ていることにしだいに気がついた。そして、そうした「展開の分かりにくさ」が、むしろ何か重要な活動の特徴を暗示しているのではないかと考えるようになった。フォーメーションやハドルの役割を視点にして、ようやく私の分かりにくさは分かりやすいものに変わった。以下で、ネットワーク型学習の効用を要約しておきたい。

(1)　ネットワーク型学習は個別化に対応できる

まず、ニューカマーの学習指導では個別的指導は欠かせない指導形態といえよう。ニューカマーは渡来時期がそれぞれ異なり、一人ひとり学習進度が大きく異なる。ネットワーク型支援は、そうした個別的ニーズに対応することができる指導形態である。調査高校では、多様な支援者を授業ごとに配置し、各授業でも分散的な支援者のネットワークが活動場面ごとに構築されていた。そして、多極的なコミュニケーションのネットワークが臨機応変に交流することでニューカマーのきわめて多様なニーズに個々に対応することが可能となっているといえよう。

ロゴフは、子どもは多層的に組織された小集団による相互関係のウェッブ(網)に参加することを通して成長するという。そうした相互関係の網とは、ダイアード(対となった関係)を越えた人間関係の立体的配置(configuration)であるともいう。[7] まさに、ネットワーク型学習とは、教師とニューカマーというダイアードを超えたウェブのような支援者の立体的配置のことである。さらに、その配置はアメリカンフットボールのフォーメーションのように、活動場面ごとに構築され、壊され、再構築されている。そして、多極的なコミュニケーションのウェブを通して、情報が臨機応変に交流することで、「統一的活動」「画一的活動」では果たしえないニューカマーの効果的な学習が可能となっているといえよう。

(2)　ネットワーク型学習はニューカマーの参加度を高める

はじめに述べたように、社会的学習とは、言語活動、身体活動、アイデンティティ形成なども含めた全人格的なプロセスである。ネットワーク型学習は、「教師ではない」多様な人材が「支援者」となりニューカマーと親密な関係を築くことで、ニューカマーの仲間集団への帰属意識を高め、学習共同体への全人格的な参加度を高めている。

ロゴフは子どもにとって多様な人間関係を持つことはバッファー(Baffer：緩衝装置)として重要な役割を持つという。つまり、さまざまな人々がバッファーとなることで、直接特定の二者関係に遭遇するときの困難を低減すると指摘している。[8] 本章で見た支援者たちは、「教師―生徒」という固定的で垂直的な二者関係をずらすバッファーの働きをしているといえよう。支援者たちは、教師とは違い、水平的な関係を持っているため、ニューカマーが自分の方から接近でき、多くのことを相談できる存在である。ニューカマー生徒にとって、アメリカの高校生活での経験は、教師―生徒関係だけでなく、要求される課題、授業展開などすべての事項が異文化体験である。異文化からの衝撃を和らげ、異文化への適応を容易にするためのバッファーとなるのが支援者たちである。

事例で示したように、ベトナム人ニューカマー生徒Fは同じベトナム人生徒Dという友人を支援者とすることで、コンピュータ技能の習得が可能となった。私が高校を訪問したときは、いつも二人は席を隣同士に座り、休憩時や昼食時でもいつまでもおしゃべりをしていた。チューターたちは、親密な友人としてニューカマーに接し、孤立しがちなニューカマーの心理的支えとなり、学校生活へのより積極的な参加を側面から援助していた。支援者が媒介役となりニューカマー同士のクラスでの連帯や友人関係も強化されていく。ニューカマーのESLクラスや学校への参加度を高めるために、多様な支援者が介入するネットワーク型学習の役割は貴重である。

［注］

1 ジーン・レイブ、エティエンヌ・ウェンガー（佐伯胖訳）『状況に埋め込まれた学習―正統的周辺参加』（産業図書、一九九三年）。福島真人『暗黙知の解剖―認知と社会のインターフェイス』（金子書房、二〇〇一年）。野津隆志『国民の形成―タイ東北小学校における国民文化形成のエスノグラフィー』（明石書店、二〇〇五年）。Allan Collins, *Cognitive Apprenticeship*, R. K. Sawyer (Ed.), *the Cambridge Handbook of the Learning Sciences*, pp.47-60, 2006.

2 Barbara Rogoff, *Apprenticeship in Thinking: Cognitive Development in Social Context*, Oxford University Press, 1990.

3 箕浦康子編著『フィールドワークの技法と実際』（ミネルヴァ書房、一九九九年、一一―一六頁）。

4 フィリップ・ボック（江渕一公訳）『現代文化人類学（1）』（講談社学術文庫、一九七七年）。

5 福島真人『暗黙知の解剖―認知と社会のインターフェイス』（金子書房、二〇〇一年）。

6 上野直樹『仕事の中での学習―状況論的アプローチ』（東京大学出版会、一九九九年、三四頁）。

7 B. Rogoff, *op.cit.*, pp.86-109.

8 B. Rogoff, *op.cit.*, p.98.

ベトナム人生徒たちが多数居住するＥビレッジの風景

終章　ネットワーク型支援のための参加と連携

ここでは前章までに述べてきたオリンピアでのニューカマーに対する教育支援を、日米比較の視点からもう一度振り返り、日本でのネットワーク型支援の構築のために参考となるいくつかの論点を提出してみたい。前章まで、ネットワーク型支援の実際を、大きく「外部者の参加」と「組織間の連携」に区別して議論してきた。ここでも二つに問題を分け、アメリカではいかに「参加」と「連携」を促進する仕組みが形成されていたか再検討することから、日本への示唆を考えてみたい。

1　ネットワークへの参加促進

まず、参加促進の仕組みである。ここでは支援に参加する外部者を「ボランティア」と一括して検討する。私がこれまでに述べた教会やNPOボランティア、小学校・高校での学校ボランティア、インターン、さらにESLクラスで補助するティーチング・アシスタント(TA)、チューター、メンターなどもここでは一括してボランティアと呼ぶ。オリンピアではボランティアはどの機関でも多数活動しており、ある意味で教育支援ネットワークの主要な構成員であった。

第一章で述べたように、アメリカの歴史文化はボランティアへの積極的な参加という伝統を形成してきた。ロバート・H・ベラーたちは、「公共領域についてのあらゆる疑念にもかかわらず、アメリカ人は他のほとんどの工業国家の市民よりも自発的団体(ボランタリー・アソシエーション)や市民組織に多く参加している。いっさいの困難にもかかわらず、多くのアメリカ人は『参加する(get involved)』ことへの義務を感じている」という。[1]

しかし、アメリカのボランティア活動を歴史文化的文脈からだけ理解すると、調査で見たボランティア参加を促すもう一つの要因を見過ごすことになるように思える。なぜなら、各章で見てきた多くのボランティア参加は、連邦政府の青少年ボランティア推進政策や教育政策という政策・制度の文脈から強力に推進されているからである。

第四章で述べたように、連邦政府は一九六一年の「平和部隊」の創設を皮切りに、青少年ボランティアの普及を推進してきた。近年では、一九九三年「国家およびコミュニティ・サービス依託法」の成立により、ボランティア制度はいっそう拡大してきている。その具体例が第四、五章で見たようなCYSが派遣するアメリコープ・ボランティアである。現在、全米で毎年五万人のアメリコープ・ボランティアが二一〇〇カ所のNPOや各団体に派遣されている。

また、同法は中高校生のボランティア活動を推進する「サービス・ラーニング制度」の拡充も促し、中高生がコミュニティ活動に参加する場を拡大した。現在では全米の高校の約半数もの生徒がサービス・ラーニングに参加しているといわれる。さらに、第三章の学生インターン制度に見たように、一九六八年の「高等教育法改正」は、大学と企業、地域社会との連携を重視し、地域の学校、行政、NPOで活動する大学生を増加させている。したがって、アメリカのボランティア参加制度からまず示唆されるのは、多くの青少年が参加可能なさまざまなチャンネルが制度的に用意されてきたという政策主導の重要性である。

さらに、これらのボランティア制度を詳しく比較してみると、共通した特徴があることに気がつく。つまり、一つの重要なボランティア参加促進の仕組みが組み込まれている。それは端的にいえば、何らかの「報酬」を参加者に提供し、その報酬をインセンティブ(誘因)にして参加を促していることである。インセンティブとは、広義には人や組織に特定の行動を促す動機づけ、報酬、あるいは誘因のことを意味する。ここでいう動機づけや報酬とは、幅広いものである。たとえば、アメリコープ・ボランティアは「有償ボランティア」として活動を行い、生活費や大学入学資金補助など経済的報酬を得る。[2] 一方、高校内で活動するティーチング・アシスタント(TA)、チューター、メンターたちは、経済的報酬はないが、科目の単位取得が得られることを誘因としている。いずれにせよ、両者に共通するのは、ボランティア参加へ若者を引き込むための誘因を導入していることだ。したがってアメリカのボランティア制度はインセンティブ原理を組み込むことで、ボランティア参加を促進していることに大きな特徴があると思われる。ここで日本との比較を考えるために、ボランティアとインセンティブの関係についてやや詳しく述べておきたい。

　インセンティブ原理という視点からもう一度オリンピアのボランティアを整理してみると、本書で見たボランティアにはいくつかの異なるタイプがあることが分かる。**図1**は、前章までに登場したボランティアを

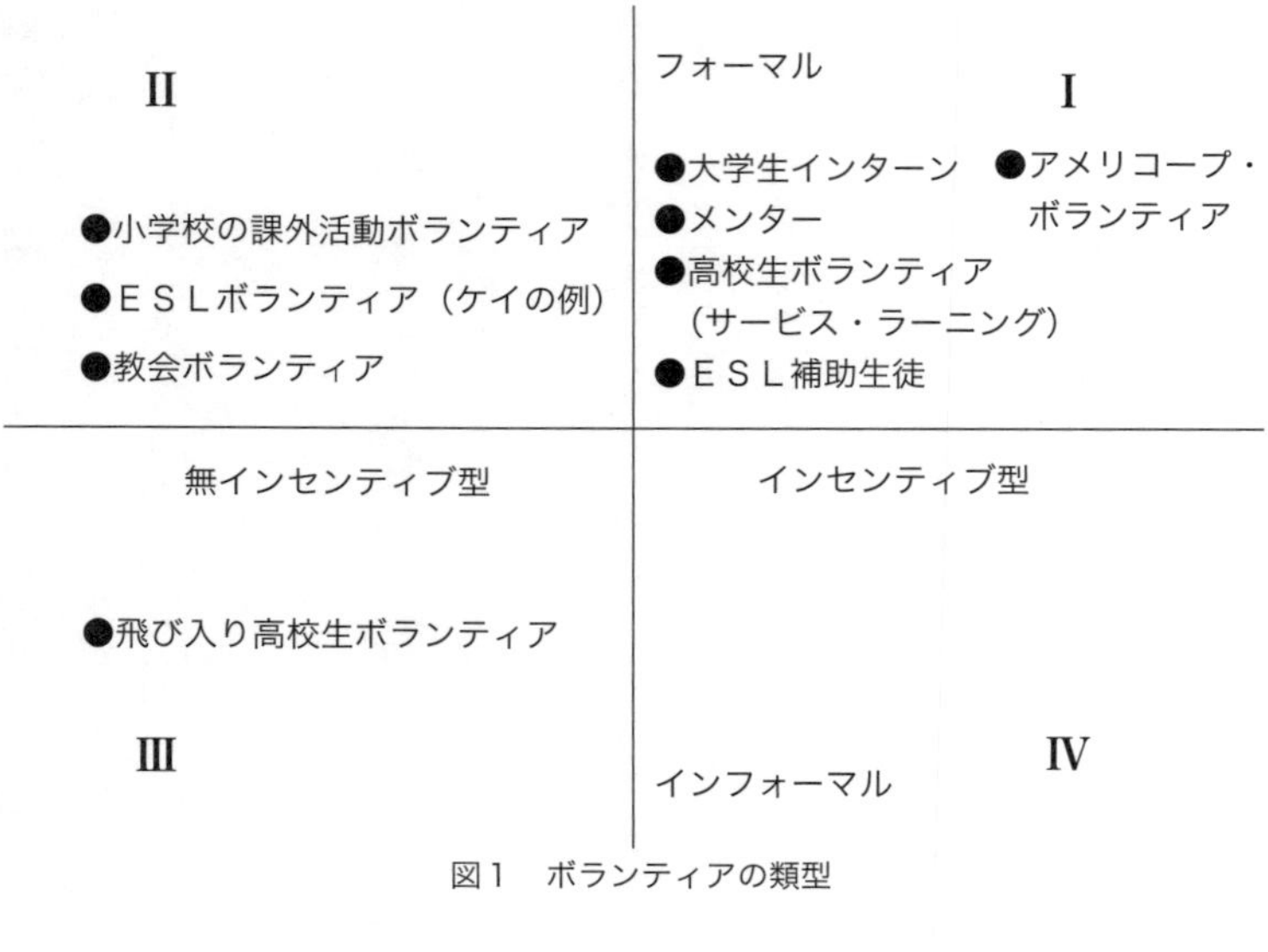

図1　ボランティアの類型

〈フォーマル〉〈インフォーマル〉と〈インセンティブ型〉〈無インセンティブ型〉という二つの軸によって類型化したものである。〈フォーマル〉〈インフォーマル〉軸は、ボランティア活動が明確な契約、規定、文書手続きなどに基づき行われる〈フォーマル〉なボランティアと、契約に基づかない〈インフォーマル〉なボランティアを区別する軸である。

〈インセンティブ型〉〈無インセンティブ型〉軸は、今述べたように活動を通してなんらかの明示的な報酬を得るインセンティブが存在するかどうかが基準になる。〈インセンティブ型ボランティア〉はサービスの需用者が明示的なインセンティブを提示することでサービス提供者（ボランティア）の参入を促し、サービス受容者と提供者が相互になんらかの利益（ベネフィット）を得るボランティアのあり方である。他方の〈無インセンティブ型〉ボランティアは、報酬（直接対価、利益）を得ることを目的としない純粋な奉仕活動である。

図1に示したように、前章までに登場したボランティアたちは、Ⅰ次元、Ⅱ次元、Ⅲ次元に配置できる（Ⅳ次元には存在しない）。さらに、数の上ではⅠ次元に入るボランティアが圧倒的に多いことに注目したい。以下で各次元のボランティアの特徴を説明しておこう。

まずⅠ次元からである。このグループのボランティアをここでは「インセンティブ型ボランティア」と呼ぶ。アメリコープ・ボランティアはその典型例である。彼らは一年間の活動に対して一定額（六〇〇ドルから八〇〇ドル）の謝礼金（スタイペイド）を受け取る。その他、大学進学のためのバウチャー（クーポン券）を支給されたり、連邦政府雇用への優先措置が付与されるなどの「特典」も賦与される。

私が調査した大学生インターン、高校生ボランティア、ＥＳＬ補助高校生たちは、謝礼は受け取らないが、「単位」という報酬を受けるので、このタイプのボランティアに入れることができる。したがって、このタイプのボランティアはボランティア受け入れ側（派遣者）が、「給与」「特典」「単位」などの具体的なインセンティブを投入し、ボランティアを呼び込んだ参加パターンといえる。

第Ⅱ次元に属するボランティア・グループは、「奉仕型ボランティア」と呼べる。第一章で見た教会ボランティアや、第三、六章で見たＥＳＬ高校生を個人的に支援するボランティアなどが典型的に当てはまる。彼女らには具体的な見返りも、報酬もない。しかし、ニューカマーを支援する活動そのものに意義を感じ、彼らからの感謝、さらに自立や成長を喜びとしていた。彼らは〈自発性〉や〈親和性〉という文化的価値観に支えられ、自己の労力提供を通して弱者に手を差しのべている。アメリカの歴史・文化が育てた伝統的なコミュニティへの奉仕者というイメージがこのボランティアたちにはある。

第Ⅲ次元のボランティアは、正式な手続きからではなく、ごく気楽に不定期にボランティアに参加する「非定型ボランティア」たちである。第二章で見たベトナム系高校生たちによる放課後活動への「飛び入りボランティア」はこの例である。こうした非定型のボランティア活動もやはり、〈ボランティア文化〉や〈組織の開放性〉というアメリカの社会文化の特性が基礎となって有効に機能しているといえよう。

2　ボランティア概念の拡張を

図1のようにオリンピアには三つのタイプのボランティアが存在していた。つまり、異なるタイプを併存させることで、多様なボランティアの参加を促している。私はこの中で、特に「インセンティブ型ボランティア」の日本での可能性を今後論議する必要があると思う。日本のボランティアに対する議論では、「報酬を与える」というイメージを否定的に捉えてしまうことで、結局「いかにボランティアを魅力あるものにするか」という議論を欠如させてきたといえるのではないだろうか。日本ではごく最近になり、ボランティアの「有償化」が議論されはじめた。[3] それだけボランティアが社会で未成熟であったともいえるだろう。[4]

特に中学生、高校生のボランティア活動の場合、ともするとボランティア活動の「精神性」「奉仕性」が強調され、生徒の側からの受け入れ側への一方向的な労力奉仕の提供がイメージされやすい。奉仕の精神、感謝の精神といった「精神論」が強調され、「見返り」を求めないことを美徳とするボランティア・イメージがあまりに支配的であったといえよう。

日本政府の各種教育審議会が主張する「学校での奉仕活動の義務化」はその典型例である。[5] しかし、こうした主張を見ると、ボランティア活動に「誘因」を組み込んだり、なんらかの「報酬」を与えるかどうかについては、未だに議論が進んでいないと思われる。[6] 別の表現をするならば、日本では図の第Ⅰ次元のボランティアが視野に入らず、第Ⅱ、第Ⅲ次元のボランティアのみで議論されているのではないだろうか[7]。

私が「インセンティブ型ボランティア」の重要性を強調するのは、単にボランティア参加数を増やすという面での効果だけを考えるからではない。インセンティブを投入する仕組みは、結果的にサービス提供者と受益者との「互酬性」に基づく対等な水平的関係を形成する可能性があることを重視するからである。互酬性は、報酬を得るための具体的な達成目標、ボランティア側(本人や派遣側)と受け入れ側の責任、評価方法といった客観的な基準を作り出す[8]。つまり互酬性を基礎とした関係は、お互いの関係を目に見えるものにして、活動を合理化・効率化する。また、派遣側と受け入れ側の関係を明確にした互酬の関係は、両者の心理的負債の意識(受け入れていただいた、あるいは手伝っていただいた、という相手への負い目)をなくし、両者の対等な関係を作る基礎となる[9]。

本書で何度か触れたパットナムは、著書『哲学する民主主義』の中で、著名な人類学者クリフォード・ギアツによるジャワの「アリサン」と呼ばれる互酬性を次のように引用している[10]。

[注：ジャワでは]アリサンは「協同努力」「相互扶助」を意味する。協同性なる一般的精神というよりは、むしろ生活の様々な局面での労働・資本・消費財の交換といった明示的かつ具体的な諸実践のセット(を表す)。……

協力は、協力し合う当事者にとって互いに得だという生々しい感覚に根ざしており、すべての男たちの団結といった一般的倫理や有機体的社会観に基づくものではない。

やや難解な表現だが、つまりはジャワのことばで「協同努力」「相互扶助」とは、抽象的な道徳的・倫理的価値を意味するのではなく、協力した方が互いに得だという実利的な意図に基づく「ギブ・アンド・テイク」のやりとりだということである。私はこのパットナムの引用にヒントを得て、図1のボランティアの類型化で〈インセンティブ型〉〈無インセンティブ型〉の軸を設定した。もう一度、図1に即して、この引用を敷衍するならば、アメリカのボランティアには一般的倫理や歴史的道徳に支えられた「奉仕型ボランティア」と、実際の得を追求するギブ・アンド・テイクの「インセンティブ型ボランティア」を対局に置いた同一軸上に無数のボランティアが存在しているのである。アメリカのボランティア制度は、こうした異なる志向の価値を共存させる柔軟性を持ち、その柔軟性が結果的に多様なボランティア参加を可能としているといえる。

一方、日本でのボランティアへの議論は「奉仕型ボランティア」の枠組みの中での議論が中心で、「インセンティブ型ボランティア」についての議論は今までなされてこなかったのではないだろうか。日本のボランティア論は、ボランティアを魅力的なサービス行為と捉え、魅力の創出によって参加度を高めるという互酬性の視点が欠けている。ボランティア概念を従来の奉仕型ボランティアだけでなく、インセンティブ型ボランティアまで含むものに拡張し、議論することが必要と思われる。[11]

3　アメリカにおけるＮＰＯの歴史

次に、アメリカでＮＰＯの果たしてきた歴史的役割を簡単に確認した後で、ＮＰＯと他組織間の「連携」を政策制度がいかに推進しているのか見てみたい。組織間連携については第四、五章でＮＰＯと他組織との関係を中心に詳しく述べた。オリンピアでは確かに異組織間の連携によって多様な支援プログラムが実現されていた。また、連携を作る上での〈キーパーソン〉としてのＮＰＯスタッフの重要な役割や、ＮＰＯと他組織の〈対等意識〉や〈信頼関係〉といった文化的価値も指摘した。こうしたＮＰＯがもつ社会的特性は、やはりアメリカ社会の中でＮＰＯが果たしてきた歴史的役割の重要性と関連させて考えないと理解できない。

アメリカの市民活動やＮＰＯの歴史を論じるとき、たびたび引用される文章にフランスの政治思想家Ａ・トクヴィルが書いた『アメリカの民主政治』がある。トクヴィルは、今から一七〇年前に次のように書いている。

「世界中でアメリカは団体を最もよく利用している国である。共同体、都市、郡の名の下に法律によって創設されている諸団体とは別に、その出生とその発展を個人的意思にのみ負うている多数の団体がある。」（第二巻第四章）

「彼等は、他の無数の種類の団体を持っている。すなわち、宗教的、道徳的、重大な、無用な、ひどく一般的な、極めて特殊な、巨大な、ひどく小さな、諸団体など。……
彼等はこのようにして、病院をも刑務所をも学校をもつくる。…新しい企画事業の首位には、フランスでは政府が、イギリスでは大領主が見出されるようなあらゆる場合に、アメリカ連邦では団体が見出されるとみてよい。」(第三巻第二篇第五章、ともに井伊玄太郎訳・講談社学術文庫)

ヨーロッパからの植民者が開拓し築いたコミュニティでは、市民同士が団体(組織)を創出し必要な社会サービスを提供した。いかに開拓時代の社会環境が市民組織を不可欠のものとしたかは、当時の社会体制の日米比較をしてみれば容易に理解できる。

イギリスの清教徒一〇二名をのせたメイフラワー号がアメリカに到着した年(一六二〇年)の三年後、日本では徳川家光が第三代将軍の座に着き、中央集権型国家統治が完成している。しばしば引用されるように、江戸幕府には二〇万人の武士がおり、「政府」が日本を統治していた。しかし、一七八九年ジョージ・ワシントンが大統領となった時、アメリカ連邦政府の職員数はわずかに一三七名だったという。[12]

それから約半世紀後の一八三五年にトクヴィルがアメリカの市民団体の力強さに注目し『アメリカの民主政治』を著した。このころ、日本では「大塩平八郎の乱」が生じ、ほどなく強固な国家権力の前に鎮圧されている(一八三七年)。一世紀半前の日米の政府―市民関係の違いは歴然としている。頼るべき政府(あるいは打倒すべき幕府)の存在しないアメリカ社会で、人々はトクヴィルのいう市民団体を作り、共通の問題を解決する心の習慣を形成してきた。自立的・自発的な個人による市民団体づくりの伝統が、アメリカのＮＰＯ活動の原点である。本書でに見たＣＹＳもトゲザーも市民が自発的に集まり結成した団体であった。

その後、一九世紀半ばから今世紀初頭は、アメリカの産業化・都市化が急速に生じた時期である。この時期、大恐慌が生じるまでの間に市民団体はＮＰＯとして全米に急速に発展していった。また、六〇年代の公民権運動期もやはりＮＰＯ発展の時期であった。

政府に頼らず、ＮＰＯ活動によって問題解決を図ろうとするアメリカ人の心の習慣は現在も持続している。「アメリカ社会が直面している課題に取り組むため、国家とコミュニティを基盤としたＮＰＯが強いネットワークで結ばれ、強い市民社会を実現すべきである

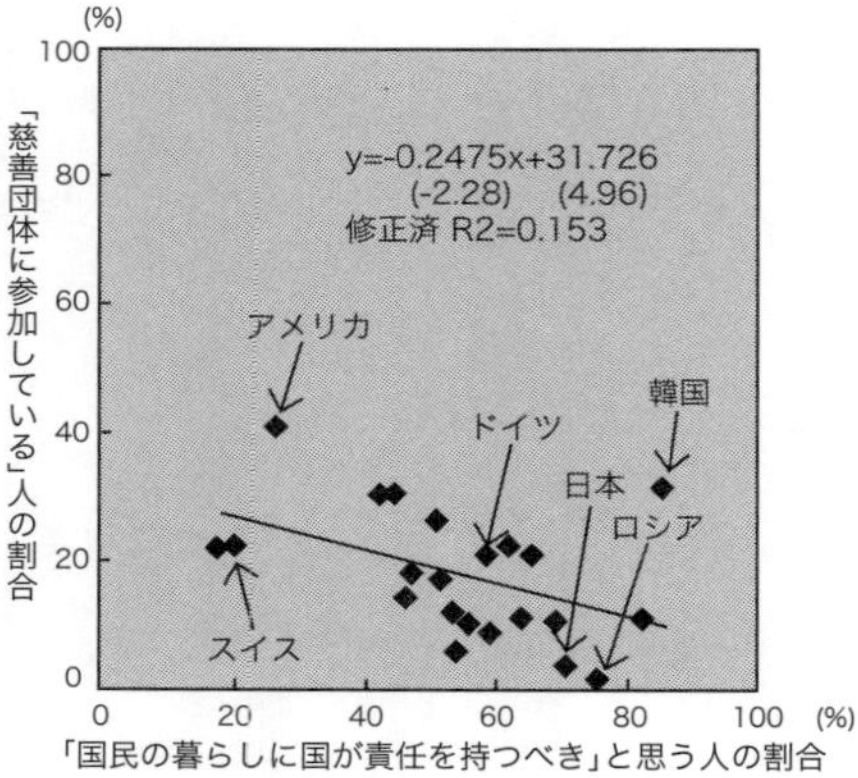

（備考）1. （株）電通総研、（財）余暇開発センター「世界23カ国価値観データブック」（1998年）により作成。
2. 国民の暮らしに国が責任を持つべきと思う人の割合は、「国民皆が安心して暮らせるよう国はもっと責任を持つべきだ」を「1」、「自分のことは自分で面倒を見るよう個人がもっと責任を持つべきだ」を「10」として意見の強さを10段階で尋ね、その「1」から「5」を回答した人の割合。

図２　負の相関がみられる「国民の暮らしに国が責任を持つべき」とする割合と「慈善団体に参加している」割合

［引用：国民生活白書（平成一二年版）］

（ヒラリー・クリントン、二〇〇〇年）」といったNPOへの注目が、NPO活動を促進している[13]。

先にも引用した『国民生活白書（平成一二年度版）』は興味深い国際比較調査を紹介している[14]。この調査によれば、「国民の暮らしに国が責任を持つべきだ」と回答する人の割合は、国によって大きく異なる。**図2**のように、そう思う人の割合の高い国が、日本、韓国、ロシア等である。一方、その割合の低い国が、アメリカやスイス等である。

次に、こうした考え方が慈善団体（市民団体）への参加とどのような関係にあるか調べてみると、二つの回答割合には、負の相関関係がみられる。つまり、図2は「国が国民の暮らしに責任を持つべき」と回答する人の割合が低いほど、慈善団体に参加している人の割合が高いという関係を示している。アメリカはこの回答傾向が極端に強い。

分かりやすくいえば、アメリカ人は政府に頼らず、代わりに自ら慈善団体（市民団体）に参加して暮らしをよくしようと考えている。逆に、日本は、「国民の暮らしに国が責任を持つべきと思う」人の割合は七一％と四番目に高く、「慈善団体に参加している」人の割合は四％と二番目に低い。つまり日本人は「政府頼り」「行政頼り」の傾向が強いことが、この調査から示唆される。

4　組織間連携を促す制度デザイン

さて、こうした歴史・文化的背景を前提に、現在のアメリカのＮＰＯが他組織との連携するためにいかなる制度の仕組みがデザインされているのだろうか。以下で整理していきたい。

私がオリンピアのＮＰＯスタッフたちに繰り返しインタビューを行い、印象深かったことは、他機関との連携は常に「大きな課題」あるいは「努力目標」として認識されていたことである。つまり、他組織との連携は決して自然に醸成されたのではなく、分厚い障壁を乗り越える積極的な「関係作り」のプロセスから生み出されてきたと認識されていることであった。

特に教育支援の中核となる学校との関係作りは、ＮＰＯの側からは最も大きな課題とされていたようだ。ＣＹＳ理事長によれば、かつては「さほど高校や行政との関係は強くなかった。学校は最近になってドアを開け始めた」という（二〇〇三年五月九日インタビュー）。日本に比べかなりの程度校長や各教員の専門的自立性を前提にした組織間の分業・連携が確立されているといわれるアメリカの学校でも、以前は閉鎖的組織の弊害が存在していたということが分かる。では、こうした旧来の障壁を乗り越え、異なる組織と組織を結びつけ、連携を可能とする制度や仕組みはいかなる原理から作られているのだろうか。ここでは、第五章で詳しく述べたＮＰＯによる職業訓練プログラムの実施過程を題材に、ＮＰＯと学校や地域社会の連携を促す政策・制度のあり方を考えてみたい。五章で紹介した労働力投資法（一九九八年制定）は、連携強化の制度づくりという視点から見ると特に注目に値する。この法は学校と外部機関との連携を促進するいくつもの仕組みを取り入れているからだ。それらを概念化すると次の三つの原理に整理できる。

まず、同法は〈異組織間コミュニケーションの原理〉を内包している。同法は、行政、教育機関、産業界のパートナーシップによる労働力育成を基本理念とし、州や地域レベルに設置される労働力投資委員会を設置させている。同委員会には、企業経営者、教育機関、NPO代表が参加し、定期的に会議を開きプログラムを運営することが規定されている。この規定を活用し、CYSは地区委員会の主役として他の組織を巻き込み、対面コミュニケーションを実現した。定期的な会議というお互いの表情や感情も見える場を意識的に設定し、双方向的に話し合い、活動し、お互いの思いを理解することが異組織間コミュニケーションの核心である。こうしたコミュニケーションの場の公的設定が、〈対等性〉〈寛容性〉〈信頼関係〉といった組織間連携に必要とされる原理的価値を形成する基礎となるといえるだろう。

つぎに、この法には〈アカウンタビリティの原理〉が規定されている。Accountability（説明責任）とは、本来、行政・企業などの社会に影響力を及ぼす組織が、株主や就労者といった直接的関係を持つものだけでなく、消費者、取引業者、地域住民など、間接的関わりを持つ全ての利害関係者（ステークホルダー：stakeholder）にその活動の報告をする必要があるとする考えをいう。労働力投資法では、サービス実施事業者は、事業受託のためにはパートナーとなる相手事業者（学校や企業など）を実施計画に記さなければならない。さらに、事業受託後も就労体験参加生徒数の数値目標を明示し、労働力投資委員会から四半期ごとに事業の達成度が評価される。そのため、第五章で見たようにＣＹＳのスタッフは絶えずパートナーを開拓し、協働していく努力が求められるのである。ＣＹＳのスタッフは、このプログラムを受諾し実施するために、学校に出向き生徒をリクルートし、企業に対しては生徒の就労体験受け入れをアピールし、自らの可視性を高める努力をしていた。アカウンタビリティはこうしたＮＰＯの連携作りのための努力を促しているのである。

さらに、この法は、〈インセンティブの原理〉も内包している。ＮＰＯは就労体験受け入れ先にＮＰＯが訓練し、身元保証し、さらに賃金が代替される生徒を雇用するというさまざまなインセンティブを与えて生徒の受け入れを促している。前述したボランティアの参加制度と同様に、ＮＰＯ側が提供するインセンティブが連携形成のために制度化されているといえよう。

近年、ようやく日本でもＮＰＯと行政、学校、企業との連携（パートナーシップ）を構築するための「仕組み作り」が具体化し始めている。本間の紹介によれば、各自治体では従来の「上からの」ＮＰＯ支援的施策ではなく、より対等な立場でパートナーシップを組むための施策が重要となってきているという。たとえば、大阪府は「ＮＰＯとの協働を進めるためのガイドライン」を策定し、行政の事業課題をＮＰＯとのパートナーシップによって解決しようと試みている。[15] また、兵庫県ではＮＰＯと行政の協働の促進のために、二〇〇二年より「行政・ＮＰＯ共同事業助成事業」が始まっている。これは兵庫県（県社会福祉協議会）が、ＮＰＯと行政が協働して事業を展開する計画が明確な場合、必要な資金を助成する仕組みである。[16] この助成事業によって、兵庫日本語ボランティアネットワークなどニューカマー支援を行う市民団体が行政や教育委員会と連携した活動実施を行う試みが始まっている。[17] こうした連携を促す原理を仕組んだ制度デザインが日本では求められているといえよう。

［注］

1　ロバート・ベラー他（島薗進、中村圭志翻訳）『心の習慣―アメリカ個人主義のゆくえ』（みすず書房、一九九一年、二〇〇頁）。

2　AmeriCorp（アメリコープ、またはアメリコアと呼ばれる）は、クリントン大統領在任中に大規模に拡大された。現在では、AmeriCorp State and National と AmeriCorp Vista、AmeriCorp National Civilian Community Corps（NCCC）の三種類ある。NCCCの場合、参加青年はボランティア参加期間中、生活費補助を受け、終了後は大学の入学に必要な資金の一部として約四千ドルを受領する。アメリコープ・ホームページ（http://www.americorps.org/）。

3　次のレポートは日本のボランティア活動の「有償化」をめぐる「反発」や有償化の「利点」をアメリカの例を用いて詳細に議論しており、私の議論と共通点が多い。小野晶子『「有償ボランティア」という働き方―その考え方と実態―』（労働政策レポートNo.3、労働政策研究・研修機構、二〇〇五年）。

4　広辞苑（第五版）ではボランティアとは「（義勇兵の意）志願者。奉仕者。自ら進んで社会事業などに無償で参加する人」とあり、「無償性」が強調されている。

5　一九九〇年代から、文部科学省や各自治体は青少年のボランティア活動の積極的な展開を強調してきている。第一四期中央教育審議会答申（平成三年四月）、生活大国五ヵ年計画（平成四年六月）、中央教育審議会「新しい時代を拓く心を育てるために」（平成一〇年）は、一貫してボランティア活動の促進を述べている。二〇〇二年から新設された総合学習の時間でもボランティアが重視されている。兵庫県でも平成一〇年度より県下の中学二年生を対象に、一週間の『トライやる・ウィーク』が実施され、教育的効果の大きさが指摘されている。

6　『国民生活白書』(平成一二年度版)が紹介する「国民生活選好度調査」によれば、学校でボランティア活動に対する理解を深めるために、ボランティア参加により単位を認定することに「期待する」が二五・四%、「期待しない」は二二・四%で、ほとんど同率である。

7　経済企画庁編『国民生活白書』(平成一二年度版)によれば、ボランティア活動をした人が実費や謝礼を一切受け取るべきでないと考える人の割合は一九九三年の三〇%から二〇〇〇年には一九%に低下している。逆に、ボランティア活動をした人が実費のほか、謝礼や報酬等何らかの対価を受けてもよいと考える人は二〇〇〇年には半数を超えている。インセンティブ型ボランティア・イメージに対する近年の変化が伺える。

8　日本総研が行った次の国際比較調査では、アメリカのボランティア活動参加促進の要因として、さまざまな「社会的評価」が制度化されていると指摘している。日本総合研究所『社会的奉仕活動の指導・実施方法に関する調査研究』(文部科学省委託調査、二〇〇一年)。

9　小野晶子は、注3の文献で、障害者へのボランティアが「無償」で行われることにより、障害者の側がものがいいにくくなり、障害者とボランティアの非対称関係が生じる問題を紹介している。

10　ロバート・D・パットナム(河田潤一訳)『哲学する民主主義―伝統と改革の市民的構造』(NTT出版、二〇〇一年、二〇八頁)。

11　二〇〇三年度の調査結果によれば、日本でボランティア活動を単位として認定する高校は、全国で三一〇校。前年度に比べて一・五倍に増えた(朝日新聞、二〇〇四年一一月一日)。インセンティブ型ボランティアは徐々に浸透しているといえよう。

12　岡部一明「アメリカのボランティア活動」(内海成次、入江幸男、水野義之編『ボランティア学を学ぶ人のために』世界思想社、一九九九年）。

13　Noriko Tanaka, "*Effectiveness of Refugee and Immigrant Service Organizations in the Puget Sound Area*". Master's Thesis, Master of Public Administration, Evergreen State College, 2003. J. Steven Ott, *The Nature of the Nonprofit Sector*, Westview Press, 2001.

14　国民生活白書に引用された調査は以下のものである。電通総研、余暇開発センター編『世界23カ国価値観データブック』（同友館、一九九九年）。

15　本間正明、金子郁容、山内直人、大沢真知子、玄田有史『コミュニティビジネスの時代』（岩波書店、二〇〇三年、二〇四―二〇五頁）。

16　ひょうごボランタリープラザのホームページを参照（http://www.hyogo-vplaza.jp/enterprise/4_shien/shien_1.html）

17　兵庫県の「行政・ＮＰＯ共同事業助成事業」については以下の報告書に詳しい。松田陽子、野津隆志「第2章　ＮＰＯとの連携形成の推進に向けて」（平成一六年度～一八年度科学研究費補助金　研究成果報告書（研究代表者　松田陽子）『外国人支援ＮＰＯによる多文化共生ネットワーク形成の国際比較』、二〇〇七年）。

あとがき

本書は二〇〇二年八月から翌年の七月まで私が滞在したワシントン州オリンピアでの調査をまとめたものである。本書の基本的テーマは、「はじめに」に記したように、いかに学校、NPO、ボランティアといった異なる領域同士が結びつきを深め、異組織間のネットワークを形成するかという実践的課題の考究である。ここで、こうしたテーマを私が追求するに至った理由を、やや個人史的な研究と教育のプロセスから記述しておきたい。

私は一九九七年四月に、神戸商科大学(現、兵庫県立大学)に「社会貢献論」という新しく設置された授業担当者として赴任した。当時、NPO、NGO、ボランティア活動など、まだ日本の大学の授業ではほとんど取り上げられることがなかった未開拓の領域を担当することとなった。そのころの神戸は、一九九五年に生じた阪神淡路大震災からの復興がようやく始まったばかりだった。電車の窓から半壊状態の家屋が散在しているのが見えた。大学の近くの公園にも、まだたくさんの仮設住宅が軒を連ねていた。こうした厳しい現実を日々目の当たりにし、そうした現実との接点を持った「社会貢献論」を作りたいと思い、授業準備のために数年間は無我夢中だった。

一九九八年に特定非営利活動促進法(NPO法)が施行され、神戸でもNPOは震災復興に大きな役割を演じ始めた。私は急速に数を増し、地域の中でしだいに存在感を大きくしていくNPOという対象に大きな関心を持った。実体的にも学問対象としても不透明なNPOという対象を知るために、機会あるごとにさまざまなNPOを訪問した。神戸のNPOを取り巻く環境が急速に変化することに伴い、「社会貢献論」の内容も毎年改訂していった。

しかし、その一方で、私は自分の研究の立場をいかに築くか、なかなか解答が見つからず、大きな悩みであり続けた。

元々、私は東南アジアのタイ農村教育を調査研究しており、神戸でのNPO調査を始めたときも、タイでの教育調査を同時進行していた。そのため、タイというフィールドでの教育研究と神戸でのNPO研究は、頭の中で交わることなく、長い間「併存」していた。いかにこの異なる学問領域を結びつけるか、結び目が見つからないいらだちが何年も続いた。

この悩みへの解答は、タイ研究の側からようやく明確になっていった。二〇〇〇年頃に私は、タイ農村での国民教育の普及について約四年に渡る村落調査を終え、それを博士論文とする作業が完成に近づいていた。当時私は、タイで国民教育の普及が完成した後、いったいいかなる教育システムが展開するのかという将来の研究課題がいつも頭に浮かんでいた。多くの先進国が辿った道から推察すると、おそらく国民教育の後に来るものは、いわゆる「多文化教育」と呼ばれるグローバルな教育の潮流であろうと思われた。

二一世紀に入り、タイでも経済のグローバル化が社会の多民族化を急速に進めていた。そしてタイでは「多文化教育」の担い手として、やはりNGOや市民団体の役割が重要度を増していた。私は、タイのNGOの歴史を調べる中で、タイのNGOがかつて政府と「対立」し、「併存」し、さらに現在「連携」を模索する段階にあることを知った。そして、「対立」「併存」「連携」といった「関係」そのものが研究対象となることに気が付いた。NGO・NPOがいかに従来の学校教育や教育行政と「関係」しているのか、いかなる関係構築が求められるか追求することとそれ自体が重要な理論的研究テーマとなる。そう気づいたことで、やっと頭の中で分裂していた教育研究とNPO研究の結び目が見つかった。異組織間ネットワークという研究課題にようやくたどり着いたのである。

私が在外研究期間中、タイではなく、アメリカで調査を行う事としたのは、NPOとボランティアの発祥の地でその実態を具体的に理解し、今後、日本やタイを対象とした「教育支援ネットワーク構築の国際比較研究」という大きなテーマの追求のために基礎研究を実施したいと考えたからである。

今まで約十年間、「社会貢献論」という授業を模索する経験によって、本書でのアメリカのNPOやボランタリーセクターを分析するための重要な比較の視点が得られたと思う。その意味で、「社会貢献論」担当者として私を採用していただいた旧神戸商科大学一般教育科の教員各位と、今まで神戸での調査に協力して頂いているコミュニティ・サポートセンター神戸、たかとりコミュニティセンターなどのＮＰＯ各団体に感謝申し上げたい。本書が単なるアメリカの実態紹介にとどまらず、多少でも日本への適用可能性への示唆が得られる内容であることを願っている。

私のオリンピアでの調査期間中、常に有益なアドバイスをいただいたエバーグリン大学ヘレナ・メイヤー・ナップ先生、長期に渡るフィールドワーク調査を好意的に受け入れてくれたオリンピアの学校とＮＰＯ各団体には心から感謝したい。また、タイ農村調査から始まる私のフィールドワーク研究の基本を教えて頂き、オリンピアでの調査でも貴重なインフォーマントを紹介してもらった箕浦康子先生にも感謝申し上げたい。最後に、東信堂代表取締役下田勝司さんには、本書の出版のためにご尽力いただいた。お礼申し上げる。

二〇〇七年八月　神戸にて

野津　隆志

索　引

［著者紹介］

野津 隆志（のつ たかし）

1956年生まれ。

筑波大学大学院教育学研究科修了。

現在、兵庫県立大学経済学部教授。

専門は比較教育学、教育人類学。

著書（単著）に『国民の形成―タイ東北小学校における国民文化形成のエスノグラフィー』（明石書店 2005年）。

Education Support Network in America

アメリカの教育支援ネットワーク　＊定価・本体価格はカバーに表示してあります。

2007年10月1日　初　版第1刷発行　〔検印省略〕

著　者©野津隆志　発 行 者　下田勝司　印刷・製本／中央精版印刷

東京都文京区向丘1-20-6　郵便振替00110-6-37828
〒113-0023　TEL（03）3818-5521　FAX（03）3818-5514

発行所 株式会社 東信堂

published by TOSHINDO PUBLISHING CO., LTD.
1-20-6, Mukougaoka, Bunkyo-ku, Tokyo, 113-0023, Japan
HP adress: http://www.toshindo-pub.com/
E-mail: tk203444@fsinet.or.jp

ISBN978-4-88713-782-0 C 3037